J. Folkema sculpsit.

LA PETREADE,

OU

PIERRE LE CRÉATEUR.

PAR *D^m N° 2689*

Mr. G. S. CHEVALIER DE MAINVILLERS.

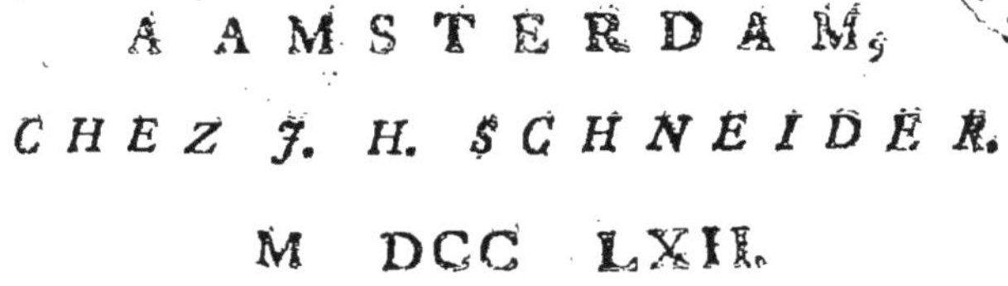

A AMSTERDAM,

CHEZ J. H. SCHNEIDER.

M DCC LXII.

EXPLICATION

DU

FRONTISPICE.

PIerre Premier accompagné de Lefort & de la Sageſſe, deſcend du trône & va au-devant de la Science & des Arts, qu'il invite à venir dans ſon Pays pour d'inſtruire ſes Peuples.

En s'avançant vers la Science il foule au pied l'Oiſiveté, l'Ignorance & la Cruauté, qui depuis longtems ont régnés dans ſon Pays.

Ce Héros s'adreſſe à la Science, comme à la mere de tous les Arts. Cette Déeſſe eſt repréſentée ſur un nuage, ſous la figure d'une femme avec des ailes à la téte, qui marquent ſon élévation; dans une main elle a un miroir qui eſt le ſymbole de l'imagination; dans l'autre elle a un triangle, qui repréſente les trois termes d'une Propoſition.

L'Architecture & la Navigation ſont les pre-

miers

miers Arts qui dirigent leur vol vers St. Pétersbourg, dont on voit la Bourse dans le lointain; par
où il fallait commencer. Après vient l'Agricul-
ture, l'Astronomie, l'Histoire, la Poésie, la Peinture
& la Sculpture, qui font la suite de la Science.

La Sagesse est représentée sous la figure de Miner-
ve, ayant sur son casque une chouette: cet animal
qui voit dans l'obscurité est son symbole ordinaire,
comme le soleil est celui de la vérité, qu'elle a sur
la poitrine, & qui de ses rayons frappe ces deux hommes illustres. L'olivier qu'elle a dans sa main est
le signe de la paix.

Sous les pieds de ces deux Héros on voit l'Oisiveté
au corps replet, qui entraîne après elle l'Ignorance
& la Cruauté, qui sont aisées à reconnaître; l'une
aux oreilles d'âne & les yeux bandés. L'autre tient
un poignard dans sa main droite; & dans sa gauche
elle a un bouclier, sur lequel est représentée une tête
de lion, les cheveux d'un serpent sur la tête, les yeux
enflammés: tout cela caractérise les horreurs de cette terrible passion. Le tigre, comme le plus cruel
des animaux, qui semble vouloir arrêter la marche de nos Héros, est encore son attribut.

L A

LA PETREADE

OU

PIERRE LE CREATEUR.

CHANT PREMIER.

JE chante ce héros qui régnait en Ruſſie,
Que l'Europe admirait, que redoutait l'Aſie,
Et qui toujours plus grand dans ſes plus grands malheurs,
Apprit par eux à vaincre un peuple de vainqueurs,
Sut laſſer la fortune & la rendre docile;
Qui ne ſe couvrant point d'une gloire ſtérile,
Sut ſe créer un monde enfin ſelon ſon cœur,
Et lui donner des loix en Eſprit Créateur.

A

Je

8   LA PETREADE,

     Je vous implore feul, VOUS! BIENFAISANS GÉNIES,
Qui rayonnez d'abord dans toutes les Ruffies!
Les animant toujours de vos plus nobles feux,
Sauvez & confervez fes deftins glorieux.
Vous! qui fixez fur vous les regards de la terre,
Pénétrez mon efprit de vos traits de lumiere;
Aftres brillans du Nord éclairez mes fentiers,
Rayonnez dans mes chants fur d'illuftres lauriers.
Dites par quels travaux, avec quelle conftance
PIERRE le Grand favait élever fa puiffance;
Comment, malgré la guerre, il peuplait les déferts
Par fa flotte naiffante il conquérait les mers;
Montrez aux autres rois un guerrier grand & fage
Qui réformait fon peuple au milieu de l'orage,
Qui traçant deffus tout fa jufte volonté
Y gravait les grandeurs de la divinité.
     PIERRE régnait enfin, & partageait le trône
De fon frere accablé du poids d'une couronne;
JEAN qui laiffait tomber de fes débiles mains
Le fceptre fi facré pour d'autres fouverains,

                                        Loin

Loin de pouvoir jamais relever l'espérance
Du Russe, dont Stokholm affaiblit la puissance,
En ravissant ses ports & ses plus beaux états,
Et reculant le reste aux plus lointains climats.

JEAN était dominé par l'ardente SOPHIE,
Impérieuse sœur, du repos ennemie ;
Contre son propre sang voulant armer la cour,
Dans le coupable espoir de régner à son tour ;
Emploïant les ressorts des plus souples maximes
Son adresse savait couvrir les plus grands crimes ;
JEAN par elle adoré n'était que son sujet,
De ses cruels desseins le malheureux objet ;
Et dans un faible corps, ame encor plus débile
Lui confiant le soin d'une vie fragile,
Souvent, sans le savoir, jouet de sa noirceur,
Il armait contre PIERRE une rebelle sœur.

Mais ce PIERRE déjà, cœur grand, inaltérable,
Opposait à SOPHIE un courage admirable,
Et la faisant tomber par ses propres forfaits,
L'enferma dans un cloître & se donna la paix.

A 2

On

On vit déploïer lors cette ame forte & fiére
Qui voulait illuſtrer ſon peuple ſur la terre ;
Et JEAN aïant fini ſes deſtins languiſſans,
PIERRE créa les ſiens glorieux & puiſſans,
En domptant à ſon tour la Suede orageuſe ;
Et rendit à jamais ſa nation heureuſe,
En réformant ſes mœurs & créant des remparts
Où naiſſaient à la fois les vertus & les arts.

Etonnans dans leurs mœurs, plongés dans l'ignorance
Appanage odieux du monde en ſon enfance !
Les Ruſſes n'avaient pu, comme en d'autres climats,
Par un commerce utile avec pluſieurs états,
Civiliſer leurs cœurs, ſe rendre plus traitables,
Rompre des préjugés les liens miſérables.
Le prêtre fanatique, impoſteur conſacré,
Du peuple en toute terre haï, mais révéré,
Envoyait chaque Ruſſe aux flammes éternelles
S'il s'éloignait jamais des terres paternelles,
Pour aller acquérir dans les païs lointains
Les vertus, les talens, qui font les vrais humains.

Tant

Tant d'abus attriſtaient un généreux génie,
Le génie qui veille au ſort de la Ruſſie;
Un de ces purs esprits que la religion
Appelle du mot d'ange en chaque nation;
Ange auquel en tous lieux le ſtupide vulgaire,
A la honte du ciel & de la haute ſphére,
Attache un ſens ignoble, un emploi trop borné;
A ces anges donnons un ſort plus élevé.

Ces immenſes esprits, dont l'éclair eſt l'emblême,
Ainſi que le ſoleil eſt celui de Dieu même,
Prompts comme la penſée & gliſſans ſur les airs
Dans tous ſes divers points agitent l'univers,
Pour leurs vaſtes deſſeins raſſemblent les orages;
Des peuples ennemis aiguiſent les courages;
Inſpirent les ſavans & conduiſent les rois;
Elevent les états & font fleurir leurs loix.

Des Ruſſes le génie, en planant ſur le monde,
Reſſentait en lui-même une douleur profonde,
Voyant cent nations, par leurs talens divers,
Enrichir la nature, illuſtrer l'univers,

A 3

Tan.

Tandis que la Ruffie, en foi-même abîmée,

Du refte des humains fe voyait ignorée,

Et que ce peuple hélas! adroit, mais ignorant,

Méprife l'univers qui rit de fon néant.

„ Dieux vivans! s'écria cet efprit tutélaire,

„ L'ange des Suédois entouré de lumiere,

„ Aux regards de l'Europe efface mon éclat

„ Et démembre à mes yeux mon malheureux état!

„ Eh quoi donc! difait-il, ma nation chérie

„ Ne pourra-t-elle point fignaler fa patrie?

„ Le Ruffe propre à tout, actif & pénétrant,

„ Chez les peuples heureux n'aura-t-il point de rang?

„ Verrai-je l'Angleterre & la brillante France

„ Etaler à l'envi leur nom & leur puiffance,

„ Enchaîner gloire, honneurs, aux délicats plaifirs

„ Qui femblent devancer leurs plus légers defirs;

„ Pendant que de mon peuple une immenfe contrée,

„ Dans les déferts du Nord triftement ifolée,

„ Ignore jufqu'aux noms de ces païs charmans

„ Et croit qu'on vit par-tout fans aucuns agrémens.

„ Je

„ Je ne veux point citer la moderne Italie,

„ Ni les vaſtes païs de la riche Ibérie;

„ Monarque Caſtillan! la ſuperſtition

„ Corrompt trop le bonheur de votre nation.

„ Aux actifs Hollandais portons plutôt envie;

„ S'ils ne goûtent pas tant les douceurs de la vie,

„ Leurs prêtres tout au moins oublians l'argument

„ Reſpectent leurs plaiſirs & leur gouvernement.

„ Tous ces peuples unis dès que finit la guerre

„ Se font polis entr'eux en parcourant la terre.

„ Ils ſe font enrichis en pouvant commercer....

„ Commercer! mais par où pouvons-nous commencer?

„ Ruſſes où font nos ports? qui nous rendra l'Ingrie?

„ Voit-on les Suédois céder la Livonie?

„ Pourquoi non? s'il le faut enflammons tout le Nord·

„ PIERRE n'en doutons pas ſecondera le ſort.

„ A force de combattre on obtient la victoire:

„ Tout commence à frayer le chemin de la gloire;

„ Le guerrier étranger aguerrit nos ſoldats,

„ Le Tartare effrayé redoute nos états.

A 4

„ Des

» Des Suédois ofons attaquer le génie,

» Et que fa Nation, impuiffante ennemie,

» A nos efforts vainqueurs cédant avec effroi

» Nous livre fes lauriers & reçoive la loi.

Ainfi dit le génie & vola vers les rives,

Où Moskou fait paffer fes ondes fugitives,

Et fe mêle à l'Occa pour transporter les biens

Que le Wolga fournit aux rivages Caspiens.

De PIERRE appercevant l'augufte réfidence,

Il s'arrête la nuit dans cette ville immenfe;

Et là s'applaudiffant de l'air majeftueux,

Que malgré fes débris elle offre encor aux yeux,

Il voit avec plaifir qu'en domptant les Tartares

PIERRE l'a fu vanger de leurs flammes barbares.

Dans trente mille hôtels, autour d'un prince heureux,

Il voit de quoi pouvoir dompter les factieux,

Et de quoi relever la fuprême puiffance,

Réunir la grandeur à la magnificence!

Etouffans fous leur poids les odieux complots

Les fideles fujets goûtoient un doux repos;

PIER-

PIERRE même éprouvant les faveurs de morphée,
Laiſſait loin des ſoucis entraîner ſa penſée,
Ecoutant doucement mille ſonges légers
Son eſprit jouiſſait de leurs biens paſſagers,
Quand l'aſpect du génie amené par ſon zele
Ecarta les vapeurs de leur troupe infidelle.
  ,, PIERRE! lui diſait-il, échappé du ſommeil
,, Un prince doit toûjours prévenir le ſoleil;
,, Vous prince, qu'ont formé les hautes deſtinées,
,, Et préparé depuis tant de milliers d'années,
,, Pour remplir des deſtins l'immenſe arrangement,
,, Pour réformer l'état vous n'avez qu'un moment.
,, La vie la plus longue eſt un rapide ſonge,
,, Quand elle eſt inutile, elle n'eſt qu'un menſonge,
,, Et qui n'a pas tout fait lorſque ſurvient la mort
,, N'a ſans doute rien fait pour bien remplir ſon ſort.
,, Profitez donc du tems en ſouverain, en maître,
,, Apprenez à tout voir, à tout peſer, connaître,
,, Pour combiner après en grand légiſlateur
,, Un ſiſtême d'où naiſſe un ſolide bonheur.

Ces

Ces mots finis, il part vers la céleste vie,
Et PIERRE à son réveil, tout rempli du génie,
Sent en lui cette force & cette activité
Que ne donna jamais la simple humanité.
Son ame se donnant une immense étendue,
Semble rassembler tout dans un seul point de vue;
Et ce qui parait grand, la gloire de régner,
N'est plus qu'un rien pour lui s'il ne peut pas créer.
Dès lors de son esprit l'active inquiétude
Lui faisait regarder comme une solitude
Ce qui l'environnait & connaissait alors;
Tout lui manquait: il veut le chercher au dehors.

    Par divers accidens, imprévus dans la vie,
Des étrangers poussés jusques dans la Russie,
Et souvent retenus par le triste embarras
De pouvoir en sortir, y suspendaient leurs pas.
Un LEFORT genevois poursuivait la fortune,
Et la trouvait par-tout ennemie importune,
Ainsi que ces esprits élevés vers le grand,
Qui se croyent toujours au-dessus de leur rang,

Aiant

Aiant abandonné l'humble état de fes peres
Il porta fon efpoir aux terres étrangeres.
La fortune avec lui dans Mofcou n'eut plus tort,
Et fit pour l'élever un miracle du fort;
A fes regards bientôt elle accourut reluire;
Le jeune fouvérain, qui cherchait à s'inftruire,
Eût d'abord diftingué le jeune genevois,
Et fait en fa faveur un héroïque choix.

Qui pourrait nous décrire avec un vrai courage
Ce que cet étranger lui difait en vrai fage?
Qui peut s'imaginer la noble fermeté
D'un Czar, d'un fouverain qui veut la vérité?
Vérité trop terrible, & vérité trop rare!
Qui dit au potentat qu'il n'eft qu'un roi barbare
S'il ne réforme pas, deffus fon horizon,
Des mœurs qui font gémir le cœur & la raifon.

„ Grand prince! dit LEFORT, l'organe du génie
Dont le Czar devait être un oracle en Ruffie,
„ Grand monarque fachez que tous les potentats
„ Ne compofent qu'un corps de leurs divers états,

„ Aiant

„ Aiant un droit des gens, un plan de politique,

„ Qui tendent au foutien de cette république.

„ D'où vos Ruffes rétifs, par eux-mêmes exclus,

„ Se rendent à nos yeux des peuples fuperflus.

„ Si les Européens fe font entr'eux la guerre

„ Cette guerre civile & toujours paffagere,

„ Ne tend qu'à rétablir la premiere union

„ Qu'un prince veut troubler par fon ambition.

„ Mais à peine finit cette guerre civile

„ Que tout retourne au fein d'une famille utile,

„ Où tout peuple a fon droit, où tout prince a fon rang,

„ Où par des députés la juftice fe rend :

„ Famille dont le fond fe divife & partage

„ Dont les arts & talens pour plus grand avantage

„ Au bonheur de chacun font communs & permis,

„ Et fervent à polir les peuples réunis.

„ Voilà des biens réels perdus pour vos contrées,

„ Et dont elles fe font elles-mêmes fruftrées,

„ Et dont votre grand cœur peut r'ouvrir les canaux

„ En faifant avec art voyager vos vaffaux.

„ Leur

„ Leur cœur plus éclairé chaffant la barbarie

„ Fera plier au beau leur excellent génie,

„ En étouffant en lui la fauffe ambition

„ Qui rougit d'imiter une autre nation.

„ Mais comme en tout païs les magiftrats, les princes,

„ Doivent moins commander qu'inftruire leurs provinces,

„ Que votre propre exemple, annonçant vos projets,

„ En différens climats conduife vos fujets.

   Oui j'irai, dit le Czar, m'inftruire loin du trône
Pour revenir enfin digne de ma couronne.

Je le fens ; quels que foient tes confeils précieux

Je comprendrai mieux tout, en voyant par mes yeux.

En tous lieux confultant & l'art & la nature,

Chaque production, chaque manufacture,

En vrai roi je reviens enrichir mes déferts

Me faire créateur d'un petit univers,

Où je cimenterai les mœurs & les ufages

Que j'aurai combinés fur les loix les plus fages;

Après quoi je pourrai faire valoir mes droits

Sur les païs ravis par les fiers Suédois.

J'y

J'y bâtirai des ports & des flottes nombreufes
Et dont j'apprendrai l'art fur vos rives heureufes.
Va comme ambaffadeur, va chez les Hollandais,
Sur l'empire des mers, vrais rivaux des Anglais;
Et pour que notre plan ait plus de réuffite
Ton maître fans éclat veut fe mettre à ta fuite.

　　Qu'entens-je! dit Le Fort; pour le bien de l'état
Grand prince! vous voulez cacher le potentat?
Tel autrefois Cadmus, oubliant fa couronne,
Pour inftruire les Grecs expofait fa perfonne.
Plus généreux encor que n'eft le conquérant
Qui méprife la vie & tremble pour fon rang;
A fon trône fon ame affervie en efclave
Plutôt que le quitter s'en ferait une entrave,
Sacrifierait honneur & réputation,
Immolerait plutôt toute une nation.
Par des faits, inconnus aux faftes de l'hiftoire,
Oubliant votre rang, marchez donc à la gloire;
Pour votre heureux départ je vais tout préparer;
Le héros n'eft point fait pour jamais différer.

Al-

Allez de ce voyage inftruifant la nobleffe.
Flattez d'un prompt retour fa craintive trifteffe.
La nobleffe Ruffienne en des corps différens
Partageait autrefois fes emplois & fes rangs
Pour l'honneur du païs magnifique & nombreufe,
Mais peu difciplinée & toujours courageufe,
A la tête de tous fe voyaient les Boyars
Soit aux confeils d'état, foit aux plaines de mars;
Les plus ambitieux fe rendaient redoutables
Sans être épouvantés des chûtes déplorables
Que faifaient à leurs yeux ceux qui, volans trop haut,
Du faîte des honneurs tombaient fur l'échafaut :
Dans fes folles fureurs l'aveugle populace
Leur fervant d'inftrument foutenait leur audace :
Mais bientôt effrayée à l'afpect d'un Ukas
Chacun les abandonne aux horreurs du trépas.
Vous! de vos fouverains admirateurs aimables,
Vous Ruffes aujourd'hui généreux, doux, affables,
Souffrez que dans mes chants mes fidelles pinceaux
Tracent de vos aieux les fautes & les maux!

Je

Je ne veux peindre ici que ce que dit l'hiſtoire.
Qui doit écrire un jour vos vertus, votre gloire.
Si par comparaiſon l'on juge toujours mieux;
L'on admire les fils en penſant aux aieux.
Vous ne reſſemblez point à vos malheureux peres,
Qui furent entraînés dans d'odieux miſteres
Comme d'autres païs, que l'on vit ſubmergér
Par le malheur des tems que PIERRE a fait changer.

     Déjà l'on ne voit plus une nobleſſe fiere
Eſclave, & l'avouer d'une façon altiere;
Des Boyars diviſés, ardens, préſomptueux,
Donner dans les conſeils des plans tumultueux.
Choiſiſſant avec ſoin des ſujets eſtimables
PIERRE ſut s'en former des conſeils reſpectables,
Et tenant près de lui la fleur de ſon état
Il en tirait toujours ſon ſuprême ſénat,
Qui lâchant de ſon ſein les décrets les plus ſages
Rendit le peuple heureux & calma les orages,
Et qui prenant l'eſprit des héros ſouverains
Se portait au ſublime, au bonheur des humains.

PIER-

PIERRE parait, inſtruit cette digne aſſemblée
Du deſſein arrêté dans ſon ame enflammée
D'apprendre à ſes ſujets l'heureux art de penſer,
De s'apprendre lui-même à les bien gouverner.
Malgré les préjugés de leurs loix trop ſauvages,
Il entreprend, dit-il, des utiles voyages.
„ Ne craignez rien pour moi; ni peine ni danger.
„ Un digne ſouverain doit-il ſe ménager?
„ Les peuples ſont-ils faits pour les rois de la terre,
„ Ou le roi regne-t-il pour leur ſervir de pere?
„ Souvent il ſe perſuade, en fuyant les travaux,
„ Que Dieu créa pour lui l'homme & les animaux;
„ Ces princes croyent-ils dans leur haute manie
„ Que le peuple doit ſeul ſacrifier ſa vie?
„ Mais Codrus pour le ſien alla chercher la mort,
„ Heureux! ſi pour vous tous PIERRE avait ce beau ſort!
Les ſénateurs ſurpris à ces diſcours de PIERRE
Ne ſavaient, en pleurant, qu'admirer & ſe taire;
Et quoique la vertu dominât dans leur cœur,
On les vit preſqu'haïr & la gloire & l'honneur.

B

Mais

Mais comme les humains n'ont pas tous la même ame,

Plufieurs font une ligue auffi noire qu'infame ;

Du meilleur des héros déteftables fujets

Ils veulent dans fon fang éteindre fes projets.

Le démon de l'orgueil, efprit d'indépendance,

Craignant tout ce que PIERRE ordonne, dit, & penfe,

Ecouta ce héros, qui dit aux fénateurs

Qu'il voulait réformer fes fujets & leurs mœurs.

Il recueille ces mots, les porte dans l'efpace

Où vague fans objet l'oifive populace,

Vil, mais terrible corps dans tout gouvernement

Quand quelque chef actif le met en mouvement.

Déjà de bouche en bouche un dangereux murmure

Accufe notre Czar d'outrager la nature,

Et d'offenfer les loix de la religion

Qui défend d'aborder aucune nation.

Pourquoi donc arracher les fils du fein des meres,

Pour les faire courir dans de lointaines terres ?

L' tranger maître ici gourmande tes vaffaux

Dépouille les Boyars pour bâtir des vaiffeaux.

De

De tout ce fourd murmure un orage s'apprête
A fondre fur le Czar & menace fa tête.
Comme l'on voit fur mer les vents vifs & légers
Faire bouillonner l'onde aux yeux des paffagers,
Et préparer des lors à leur ame étonnée
La tempête qui court fur l'aile de borée.
Déjà l'air furchargé des foufres allumés
Se déchire en éclats dans les lieux enflammés,
Brille fur le trépas qu'il préfente, & qu'il donne
Aux triftes voyageurs que fa flamme environne,
Que la nuit tout en feu ne paraît éclairer
Que pour montrer l'abîme où l'on doit expirer.
Ainfi PIERRE devait voir terminer fa vie
A l'horrible lueur d'un funefte incendie,
Et les traîtres cruels voulaient trancher fes jours
Dans la flamme où fes mains apportaient du fecours.
Quel monftre pût former cette cabale horrible ?
L'efprit d'indépendance & fa fecte terrible,
Qui tombant des hauts cieux au profond des enfers,
Y voudrait entraîner tout ce bas univers.

Ce'ft

C'eſt lui qui ſous le nom de liberté publique
Arma coutre Céſar la haine politique,
Dans Rome fit périr le héros des humains,
Tandis qu'il travaillait au bonheur des Romains.
On le vit ce démon dans cette ville même
Changer un ſimple apôtre en évêque ſuprême,
Et le pere commun en objet de terreur,
L'exciter à régner ſur ſon propre empereur.
C'eſt ce fourbe génie, eſprit d'indépendance,
Dont le ſoufle empeſtait l'Angleterre & la France,
Armait le fanatiſme, & confondant les droits
Voulait ſervir l'égliſe en maſſacrant les rois.
Et ce monſtre abuſant de l'ecriture même
Contre les voyageurs prononçant l'anathême,
S'applaudit aujourd'hui de ſes derniers complots,
Et fixe au jour ſuivant le meurtre du héros.

    Le génie qui veille au fort de la Ruſſie
De ſes aîles couvrait une ſi belle vie,
Il amene en ſecret aux piés du ſouverain
Trois de ceux qui devaient l'égorger de leur main.

Le

Le Czar à leur récit bénit la providence,

Prend les précautions que dicte la prudence :

Trois principaux Boyars & leurs associés

Arrêtés, confondus, bientôt expédiés,

Laissèrent par leur mort à notre Illustre PIERRE

Pour ses vastes desseins une libre carriere.

NARISKIN, GALLITZIN ! & vous PROSOROWSKI !

Zélé triumvirat, heureusement choisi,

Régnez en son absence, & chérissez la gloire

Que son choix vous assure au temple de mémoire.

LEFORT & GOLLOVIN, jouissez de l'honneur

D'avoir à votre suite un Czar, un empereur.

Ambassadeurs heureux, cette ambassade étrange

Dans l'histoire est pour vous la plus belle louange.

Quoi ! je vois MENZIKOFF, & presqu'à vos côtés

Du sein de la poussiere il s'éleve !.. Arrêtez,

Son mérite annoblit son obscure naissance ;

Son esprit, son courage, & sa rare prudence,

En prenant tous les jours un plus brillant essor,

Et changeant brusquement l'injustice du sort,

B 3

Le

Le firent à la fois un homme néceffaire,

Le fils de la fortune & favori de PIERRE.....

Où la faveur conduit montez rapidement,

Mais hélas ! MENZIKOFF, on en tombe aifément !...

 L'ambaffade laiffant la Ruffie allarmée

Avait déjà franchi l'Allemagne étonnée,

De voir un fouverain qui veut être inconnu,

Mais que trahit toujours l'éclat de fa vertu.

Les villes pour lui plaire ignorent fon empire,

Le traittant en héros qui ne veut que s'inftruire.

Enfin, comblé par-tout de louange & d'honneurs,

Acceptés fous le nom de fes ambaffadeurs,

Il les quitte, & bientôt dans fon impatience,

En cherchant la Hollande, il vole & les devance.

Il y court; il y vole, avare des inftans

Qu'il y doit confulter ces marins floriffans.

 Quel mêlange enchanteur s'offre dans ces contrées !

Des bois dans les cités ! & des mers refferrées !

Des digues, des palais ; des prez & des canaux !

Des moulins fomptueux, des jardins, des vaiffeaux !

Ce

Ce bel enchaînement de l'art à la nature

Paraît à notre Czar tenir de l'impofture;

Ces immenfes travaux d'un peuple peu nombreux

Sufpendent fon efprit; il n'en croit pas fes yeux.

Revenant à lui-même en détail il admire

Comment les Hollandais tiennent fous leur empire

Une mer qui voudrait reprendre fon terrain

Sur ces ufurpateurs qu'elle menace envain.

Au travers des marais de profondes faignées

Sont d'utiles canaux où les eaux écoulées

Voiturent les marchands dans toutes les cités,

Les débarquent chez eux fur des quais enchantés;

Sous des arbres chargés d'une verdure aimable

Qui préfente aux vaiffeaux un ombrage agréable:

Enforte qu'un feul lieu nous fait voir à la fois

La campagne & la mer, une ville & des bois.

Quand eft-ce, peuple heureux, que ma chere patrie

Pourra rivalifer votre fage induftrie?

Dit le Czar, qui dès lors, voulant avoir fon tour,

Projettait fur les eaux le plan d'un Pétersbourg.

B 4

En-

Envain vous nous cachez votre augufte perfonne;
Malgré de faux dehors la majefté rayonne:
Lui dit un magiftrat, qui l'avait pénétré,
Et qui par fon efprit perçant, fage, éclairé,
Par fes douces vertus, fa profonde fcience,
De fes concitoyens avait la confiance.
Ses recherches, fes foins pour avancer les arts,
Lui gagnaient des favans les plus flatteurs égards.(a)
PIERRE comprit d'abord qu'il était inutile
De vouloir fe voiler devant cet homme habile,
Je voudrais, lui dit-il, forcer ma nation
A cultiver un jour la navigation.
D'un Souverain l'exemple eft fouvent efficace,
Et fait plus, je le crois, que promeffe & menace;
Et fur-tout lorfqu'on voit fon prince en un chantier
Travailler fous l'habit d'un fimple charpentier.
Le magiftrat furpris d'un plan fi magnanime
L'admire en exaltant cette grande maxime:

Tel-

(a) Le Bourguemaître Witzen;

„ Telle autrefois, dit-on, divine Intelligence

„ Par vos anges puiſſans & pleins de bienveillance

„ On vous voit vous maſquer pour venir viſiter

„ Les malheureux humains que vous vouliez aider.

Au héros charpentier il offre avec ardeur

De remplir ſur les arts les deſirs de ſon cœur;

De lui développer chaque manufacture,

Les utiles ſecrets de la ſage nature,

Et la ſcience enfin des habitans des mers

Qui rapprochent les points de ce vaſte univers.

Vous voiſin de la Chine & des confins de Perſe

Ouvrez par vos déſerts un fructueux commerce;

Vous voyez ce qu'il peut dans nos petits états

Qui ſe font rechercher des plus grands potentats,

Pour nous parer d'abord des plus grandes allarmes

Le commerce a plus fait que l'effort de nos armes:

Le magiſtrat enſuite expliquant les reſſorts

Qui les rendaient ſur mer plus riches & plus forts,

Lui prédit le projet d'une haute alliance.

„ Attaquez la Suede amie de la France;

B 5

„ Fran=

„ France forte fur terre, & faible fur les eaux,

„ Par terre loin de vous, & fur mer fans vaiffeaux,

„ Ne flattez ni craignez la publique ennemie.

„ Je prévois cependant qu'un jour votre Ruffie

„ Pourra bien s'allier avec ce peuple ardent

„ Pour réprimer l'effor d'un potentat naiffant .... (b)

„ Mais laiffons l'avenir ..... faites votre demande

„ Au gouverneur Anglais, au roi de la Hollande,

„ Et fongez que GUILLAUME ennemi des Français

„ Sera toujours l'ami d'un prince tout Anglais.

„ Allez, voyez ce roi, ce héros politique,

„ Et le plus ferme appui de la caufe publique;

„ Parlant peu, mais adroit, il fait approfondir

„ Les divers fentimens qu'on veut enfévelir.

„ Soupçonnant vos deffeins lui-même il vous épie;

„ Allez prince héroïque, allez puiffant génie,
„ GUIL-

(b) Pierre femble avoir prédit la puiffance du grand Frédéric; il ne faut pas foufrir que la Pruffe ait plus de trente mille hommes. Que dirait-il s'il voyait fon roi, grand en tout, à la fois tenir tête aux plus formidables puiffances de l'Europe!

„ Guillaume vous admire, & vous prédit vainqueur;

„ Parlez de la Suede il ouvrira son cœur.

Du plus fameux héros l'ame grande, indomptable,

Plus qu'un autre a besoin d'un ami secourable.

Notre Czar qui le sait, quittant le magistrat,

S'engage à cultiver ce grand homme-d'état.

Ce n'était point assez pour ses hauts points de vue,

De Guillaume il voulait sonder l'ame inconnue.

Il se rend chez ce roi par des détours secrets,

Avec ame il lui dit tous ses grands intéréts.

„ Quoi vous êtes monarque, & vous quittez le trône,

„ Dit ce roi qui venait de ravir la couronne

„ A Jaques son beaupere imprudent, malheureux,

„ Exemple trop terrible aux rois présomptueux !

„ Quel que soit l'embarras de régir des provinces

„ Sur le trône il n'est point de travaux pour les princes.

„ Plusieurs pour leur repos ont cessé de régner;

„ Vous allez loin du trône apprendre à gouverner.

„ Mais quoi donc! sans franchir tant d'immenses espaces,

„ Sans traîner les travaux, les périls sur vos traces,

„ Al-

,, Allez aux Suédois, qui font auffi marins;

,, Vos états font amis de ces heureux voifins.

Grand roi! dit notre Czar, qui comprend fon adreffe,

Il faut vous découvrir la cruelle détreffe

D'un fouverain qui plaint fa propre nation;

Beaucoup d'efprit, hélas! mais peu d'ambition

Pour fortir à la fin de fa trifte ignorance,

Et qui de mes projets ne fent point l'importance.

Pour avoir votre appui je vous ouvre mon cœur,

Je blâme mes fujets pour faire leur bonheur;

Vous verrez leurs befoins dans l'excès de leurs crimes,

Et pour les rendre heureux vous verrez mes maximes.

De ma propre famille apprenez les malheurs;

Il n'eft point de parens pour les réformateurs.

LA PETREADE

OU

PIERRE LE CREATEUR.

CHANT SECOND.

ROi! qui dans les revers vous montrez inflexible,
Et qui trahi par Mars paraiffez invincible,
Vous favez que le trône eft fouvent un écueil
Environné de foins, d'allarmes & de deuil.
Dès mes premiers jours, ou plutôt nuits affreufes,
Je vous étais livré vérités malheureufes ;
Et le trône, entrouvrant l'abîme fous mes pas,
M'y fit voir à la fois travaux, haine & trépas.

Dans

Dans ma famille, hélas ! cette noire cabale

Pouffait profondément fa racine infernale.

La fameufe SOPHIE, ambitieufe fœur,

De PIERRE qui l'aimait ourdiffant le malheur,

Bâtiffant fes deffeins fur ma faible jeuneffe,

Avec art divifant la crédule nobleffe,

Employait un courage, un efprit de héros,

A faire réuffir les plus affreux complots;

Répandant en tous lieux fon adreffe funefte

Par la diffenfion, trop meurtriere pefte !

Fit périr par eux feuls plus d'illuftres Boyars,

Qu'il n'en pouvait tomber fous le glaive de Mars.

Accufez mon enfance, ô manes précieufes !

Si vous n'obtintes pas des morts plus glorieufes.

Votre bouillant courage en courant aux combats

Sous PIERRE eût pu trouver un plus digne trépas;

Sous PIERRE plus âgé votre valeur utile

N'eût point connu l'horreur d'une guerre civile.

Par une adroite fœur miniftres oppofés

De jeunes fouverains, eux-mêmes divifés,

GAL.

GALLITZIN, HAVANSKI, fous moi feul vos courages
N'auraient jamais formé de fi cruels orages;
Sous mon autorité vos efprits réunis
N'auraient perfécuté que mes feuls ennemis.
Mais SOPHIE irritant vos ames élevées
A fes propres deffeins les avait fubjuguées;
Pour parvenir au trône on la vit vous forcer
De tourmenter l'état, que vous croyez fauver.
 HAVANSKI, GALLITZIN, iffus de Lithuanie,
Dont les triftes ayeux, retirés en Ruffie,
Y porterent le fang des fameux Jagellons,
Cherchant à foutenir l'éclat de leurs maifons.
En tous tems, en tous lieux on vit fur notre terre
Les grands vouloir combattre un deftin trop contraire;
De leurs maifons en chûte affemblans les débris
En tranfporter le poids dans de nouveaux païs.
Là pour étançonner leur illuftre naiffance
Ils recherchent fouvent la plus haute alliance
Pour fe vanger du fort, & tirer de leur cœur
De quoi pouvoir fonder leur nouvelle grandeur.

Les

Les deux Lithuaniens n'ignoraient pas l'ufage
Qui donnaient en Ruffie un cloître pour partage
A celles que le fort fit fœurs du fouverain ;
Serrail facré des Grecs où tout ferait ferein,
Où mêlant les plaifirs aux pieux exercices
L'ame fans paffions ferait dans les délices ;
Purs plaifirs fur le trône altérés, corrompus,
Dans les lieux retirés, mieux goûtés, mieux connus !
Rarement de fon cloître une grande princeffe
Allait jufqu'aux autels couronner la tendreffe
D'un prince fans états, d'un favori puiffant :
Mais comme rien n'eft ftable on le vit cependant.

   Sophie connaiffait en fuprême génie
Les refforts affurés du bonheur de la vie,
Mais fon ambition, au deffus du danger,
Voit tout au deffous d'elle, & rien à ménager.
Les tranquilles momens d'une retraite aimable
Ne font qu'un fourd poifon pour fon ame intraitable ;
Chaque inftant qui s'écoule entaffe des deffeins
Qui pouvaient renverfer l'état des Ruffiens.

Sa

Sa solitude enfin devient tumultueuse,
Le monde est moins funeste à l'ame ambitieuse;
Si son esprit se forme un cahos de desirs,
Dans le grand monde au-moins il se livre aux plaisirs.
Chacun d'eux l'entraînant vers tout ce qui l'enchante,
Ote à l'ambition le torrent de sa pente.
C'est ainsi que l'on voit au lointain des guérets,
Dépouillés des présens de la riche Cérès,
Ou la chasse, ou la pêche, ou les courses légeres
Des bergers amoureux & des tendres bergeres,
Arrêter tour à tour les regards des passans,
Et suspendre leurs pas par leurs jeux innocens.
Reconnaissons ici la trop parlante image
De nos momens perdus dans notre grand voyage.

   De ma sœur cependant le cœur vaste, irrité,
De son cloître à la cour se trouva transporté.
Unique dans son genre en secret il méprise
Le faste de la cour dont toute ame est éprise,
Et tout en dédaignant les vains ambitieux,
Sur eux elle établit ses projets fastueux.

C

Elle

Elle cherchait l'empire en voulant la régence, (c)
Se prétendant en droit de régir notre enfance.
HAVANSKI, GALLITZIN, admirent son grand cœur,
Appuyent sa fierté pour soutenir la leur.
SOPHIE ayant fondé de leur esprit l'abime,
Sourit de se trouver encore plus sublime,
Dans le grand art de feindre & de savoir tourner
Au but de ses desseins ceux qu'elle fait penser.,
Découvrant tous les jours cette secrete flame
Et cette ambition qui pénetre leur ame
Du desir dévorant d'affermir leurs honneurs,
De s'unir même au trône en épousant mes sœurs,
Au tendre GALLITZIN SOPHIE se destine
Au fils de HAVANSKI présente CATHERINE; (d)
Non

(c) Il y a une médaille fort curieuse dans le cabinet de S. E Mr. Heuman. On y voit d'un côté la tête de Sophie, ce qui semble prouver qu'elle a régné quelque tems avec son frere Jean.

(d) Toutes les histoires disent que cette Catherine était sœur de Pierre & de Sophie, mais elle n'était que cousine germaine. Mr. Teploff, homme d'esprit, m'a démontré que c'est une erreur où sont tombés tous ceux qui ont traduit les Mémoires Russes. Car la nation Russienne traite les cousins germains & les cousines germaines de freres & de sœurs. St. Jaques est traité de frere de Jésus-Christ, par la même erreur du pauvre St. Jérôme, qui a traduit très-mal la Bible & les Evangiles.

Non pas pour accomplir leur commune union

Mais pour faire fervir leur haute ambition

A fes fecrets defirs d'ufurper la couronne,

De faire en notre enfance écroûler notre trône.

    C'eft ainfi que jouant ces deux Lithuaniens

Une femme favait avancer fes deffeins.

GALLITZIN à fes yeux plus intriguant que fage,

HAVANSKI moins prudent que rempli de courage;

Le premier d'un efprit élevé, patient,

L'autre, efprit fufceptible cœur vif, véhément,

Devinrent dans les mains de l'habile SOPHIE

Et l'image & l'écho de fon propre génie.

GALLITZIN pour mieux plaire à cette adroite fœur,

Changeant fa politique en guerriere valeur,

Crut attirer les vœux de toute la Ruffie

En menaçant de loin les Kans de Tartarie;

L'autre de la princeffe empruntant les dehors

Au profond de fon cœur cache tous fes refforts.

Ou plutôt, devenant aveugle politique,

Par elle il fut l'objet de la haine publique,

C 2

En

En croyant prévenir de funeſtes complots
Et vanger le trépas de FOEDOR ſon héros.

„ Prince, lui dit SOPHIE en répandant des larmes,
(Car des cœurs faux les pleurs ſont les perfides armés)
„ On va couronner PIERRE, & ce jeune empereur
„ Objet de ma tendreſſe, objet de ma terreur,
„ Verra peut-être, hélas! d'une main téméraire
„ L'affreuſe mort l'étendre à côté de ſon frere,
„ A côté de FOEDOR dont il eſt le portait,
„ Et déjà dans l'enfance un héros trait pour trait.
„ Ecoutez des complots le plus abominable
„ Ourdi par la fureur d'une haine implacable.
„ De trop cruels Boyars, contre nous conjurés,
„ Vont d'un tróne innocent renverſer les degrés.
„ Tous ces ambitieux proſcrivent avec PIERRE
„ Son frere infortuné, notre famille entiere.
„ Notre mort eſt le prix. ROMANOFFS, mes ayeux,
„ Que donne à vos vertus le Ruſſe malheureux?
„ Et vous, prince, apprenez qu'une liqueur cruelle
„ Abrégea du feu Czar la vie trop mortelle.

„ Sa-

„ Sachez, lui dit Sophie avec rafinement,

„ Que ce même poifon dans un même moment

„ A nos plus grands foutiens doit arracher la vie.

„ Veillez pour nos ftrélitz... une main ennemie

„ Par un poifon caché détruit nos défenfeurs.

„ Demain ils trouveront la mort dans leurs liqueurs...

„ Otez-leur ce breuvage, ou leur perte eft certaine !

S'écria la Sophie, en refpirant à peine.

   Havanski fut faifi de fes perfides pleurs.

„ Princeffe, lui dit-il, prévenons ces malheurs.

„ Repofez-vous fur moi, calmez votre grande ame,

„ Mes ftrélitz préviendront leur trahifon infame.

„ Ce n'eft pas d'aujourd'hui que leur fidéle corps

„ Reprima des Boyars les criminels efforts.

„ Plufieurs Czars par lui feul, comme attefte l'hiftoire,

„ Ont défendu leur vie & protégé leur gloire.

„ Dans leur fang corrompu noyons donc ces Boyars,

„ Et de Mofcou faifons un nouveau champ de Mars.

   Il dit avec courage, il y vole de même.

Ma fœur le fuit de l'œil, & dans fa joye extrême

Se fourit de le voir courir les yeux ardens,

A travers fes panneaux punir des innocens.

En effet ces Boyars, que lui nomme Sophie,

Etaient bien éloignés d'attenter à ma vie;

Ils voulaient au contraire oppofer à ma fœur

Leur crédit & leurs biens, leurs bras & leur valeur;

Dolgorouki fur-tout Chancelier fidele,

Qui m'avait dévoué fon génie & fon zele,

Et qui contréminant plus d'un noir fouterrain

Soutenait fur l'abîme un jeune fouverain,

Politique & profond; entreprenant, mais fage,

Il favait d'un moment faire un heureux ufage.

Par quel funefte fort ne put-il point parer

Les coups de la fureur qui le fit expirer!

Et vous auffi Boyars fideles, magnanimes,

Deviez-vous augmenter le nombre des victimes?

Vous m'aviez fait hommage, & ce ferment fi faint

Vous attira lui feul le poignard dans le fein.

Avec Foedor, mourant fachans que la Ruffie,

Avait befoin d'un chef fauveur de la patrie,

Ils étaient convenus que JEAN mon frere ainé
Etait trop au néant pour être couronné.
De son corps mal conftruit les organes fragiles,
A peine en mouvement par des efprits débiles,
Ne pouvant, difaient-ils, à-propos fe mouvoir
Laiffaient l'ame chez lui fans force & fans pouvoir.
Comment donc, au moment que gronde la tempête,
Pouvons-nous repofer fur cette faible tête,
Et confier le fort de nos vaftes climats
A JEAN qui vit à peine, & qui ne penfe pas?
Laiffons-lui les honneurs, & couronnons fon frere;
Pour réformer l'état efpérons tout de PIERRE,
Qui dès fes jeunes ans curieux, attentif,
Promet à la Ruffie un fouverain actif.

Tels étaient les difcours de ces Boyars fideles
Qu'on allait attaquer ainfi que des rebelles,
Et que l'affreux ftrélitz doit bientôt égorger
Aux cris de HAVANSKI qui croyait me vanger.

Le ftrélitz à Mofcou, janiffaire en Turquie;
Le foutien ou l'effroi de fa propre patrie;

Mi-

Milice peu traitable & pleine de valeur,
Mais valeur qui souvent doit s'appeller fureur,
Quand les chefs employans leur funeste éloquence
Leur font voir dans le crime une juste vengeance.
HAVANSKI leur ami plus que leur président,
De cet énorme corps chef vif, mais imprudent,
Aussi puissant du-moins que l'Aga janissaire,
Des strélitz le héros est chéri comme un pere,
Et ces sujets de Mars croyent que de ses jours
Leurs momens les plus surs prennent un heureux cours.
SOPHIE, qui le sait, tourne à son avantage
Et des strélits l'amour & du chef le courage.
Injuste ambition ! qui peut approfondir
Les horribles complots que ta main fait ourdir !

Certains jours solemnels les princes de Russie
Régalent les strélitz d'une liqueur choisie ;
SOPHIE y fait jetter, pour un double dessein,
Les esprits vifs & prompts d'un poison assassin ;
Poison qui devait dire aux strélitz que les traîtres,
Par qui périt FOEDOR qui menaçaient leurs maîtres,

Vou-

Voulaient pour aſſurer tant d'affreuſes noirceurs
Faire périr auſſi leurs braves défenſeurs.
Le moment arrivé la perfide princeſſe
Fit dire le ſecret de la liqueur traîtreſſe,
Et fit inſinuer aux ſtrélitz aſſemblés
D'éviter le poiſon des Boyars conjurés.
Mais de cette liqueur un ſtrélits trop avide,
Avait déjà goûté ſa douceur homicide.
Ses triſtes compagnons frémiſſent dans leur cœur
Autour de ſon corps mort qui les remplit d'horreur.
Ce trépas les menace..... un ſilence farouche
Parle à tous les yeux, & ferme à tous la bouche.
Deux ſeuls mots proférés par leur cher préſident
Réveillent les eſprits, & le ſtrélitz ardent
Atteſte la juſtice, & fait briller ſes armes
Qui ſe font devancer par les triſtes allarmes.
Ainſi que dans un bois, épais & dangereux,
Le voyageur frémit des hurlemens affreux
Que pouſſent à l'envi mille bêtes féroces.
Tout tremble dans la ville à ces clameurs atroces:

„ Périffent les Boyars! vivent nos protecteurs!

„ Meurent des ROMANOFFS les noirs empoifonneurs!

   Ces cris comme un falpêtre enflament leur furie,

Souflent de toutes parts l'orage & l'incendie,

Tout eft en mouvement, l'étincelle a pris feu,

L'embrafement éclate & ferpente en tout lieu.

Déjà de tous côtés dans ce moment funefte

On voit la mort courir comme une horrible pefte,

Ravager les palais des malheureux Boyars

Que le ftrélitz pourfuit jufqu'au trône des Czars.

Ma fœur qui prépara cette odieufe fête

Du plus haut du Kremlin excitait la tempête;

Mais voyant fous nos yeux tous ces grands accourir,

Elle craint leurs foupçons prêts à la découvrir.

De leur péril commun feignant d'être atterrée

Aux piés du patriarche elle tombe éplorée;

Détefte des ftrélitz le courroux plein d'horreurs,

Souhaite d'arrêter leur terribles fureurs.

   Vous du trône des rois, vous grande & folide arche,

Vous êtes étonné de voir un patriarche,

Un

Un prêtre tout au plus fous lui fera gémir

La fierté de ma fœur que rien ne peut fl chir.

Apprenez qu'en Ruffie un ftupide vulgaire

Croyait que les hauts cieux nous parlaient fur la terre,

Quand ce pontife grec foumettait fon humeur

Pour parler à fes Czars fans fierté ni hauteur.

Il croyait que toujours vrai maître de fes princes

Dieu lui donnait le droit de piller leurs provinces;

Qu'enfin il honorait jufqu'à fes fouverains,

Quand il laiffait mener fon cheval par leurs mains.

Un tel abus jamais ne fouillera les miennes;

Je fais trop jufqu'où vont les maximes chrétiennes.

Moi-même juge né des loix de l'eternel

Je me veux confacrer fouverain de l'autel...

Que l'on s'en fie à moi .... je refpecte avec ame

Cet Etre toutpuiffant, qui fans doute m'enflame.

Je m'étonne de voir les plus fages des rois

Des Romains orgueilleux fubir les folles loix.

Quelle raifon fecrete? ...... Arrêtons, c'eft à PIERRE,

Qui pour s'inftruire en tout voyage fur la terre,

A

A suspendre en vrai prince un trop prompt jugement
Pour gouverner après l'autel plus dignement.

SOPHIE connaissait l'ascendant redoutable
Du patriarche grec sur le peuple intraitable,
Sur-tout depuis les jours où FOEDOR NIKITIS
Gouverna sagement sous le nom de son fils.
Ce vertueux pontife & le plus près du trône,
N'ayant jamais voulu recevoir la couronne,
Soutint par ses conseils l'état dans ses malheurs,
Et illustrant par-là ses lâches successeurs.
Crédit qui, se mêlant au respect pour l'église,
Soutient, dit-on, les rois, mais qui les rivalise:
Crédit qui soutenu par un prince ignorant,
Au peuple, même aux rois fait d'un prêtre un tyran.
Faut-il donc s'étonner si ma sœur vive & fiere
Soumit dans ce moment son humeur trop altiere
Devant un patriarche haïssable à ses yeux,
Mais qui pouvait beaucoup dans ces momens fâcheux.
Cet évêque flatté se présente avec elle
Pour tâcher d'arrêter l'activité cruelle

Des

Des ſtrélitz, qui croyaient ne pas aſſez vanger
Les manes de FOEDOR qu'ils n'ont fait qu'affliger.
Les ſtrélitz & leurs chefs ſuspendent leur furie;
HAVANSKI ſe modere aux regards de SOPHIE,
Et le ſoldat tremblant s'arrêtant dans ce lieu
Adore en ſon évêque une eſpece de Dieu.
Heureux les ſouverains qui n'auraient que des prêtres;
Qui, pour mieux réunir les ſujets à leurs maîtres,
Par leurs ſeules vertus ſe gagneraient les cœurs,
Et n'éblouiraient point par des dehors trompeurs!
  SOPHIE cependant voyant calmer l'orage
S'avance à HAVANSKI, lui tient ce faux langage:
„ Ah prince au nom du ciel modérez ce couroux,
„ Qui fait frémir la ville, & nous fait gémir tous.
„ Le ſang du grand FOEDOR demandait des victimes,
„ Mais vos bras ſeraient las de punir tous les crimes
„ Qui ſe trouvent unis dans cette ſeule mort.
„ Pouvez-vous rappeller l'heureux tems de FOEDOR?
„ Pardonnez ſon trépas, dit l'adroite SOPHIE,
„ Ce peuple qui le pleure avec moi vous en prie.

De

De ce peuple attentif les organes divers
Des vertus de ma sœur fatiguerent les airs :
En tumulte les uns admiraient sa prudence,
Les autres jusqu'aux cieux exaltaient sa clémence,
Tandis qu'à basse voix sa sourde cruauté
Prépare dans la ville une autre hostilité.

„ Nos plus grands ennemis vivent encor, dit-elle,
   Voulant de HAVANSKI mieux irriter le zele.
„ Les plus cruels Boyars, & ce fourbe prélat
„ Qui veut même à vos yeux séduire le soldat,
„ Contre votre justice & contre votre foudre,
„ Qui devait aujourd'hui les mettre tous en poudre,
„ Ont osé, sans rougir accourir, implorer
„ Nos bontés, notre cœur, qu'ils voulaient déchirer.
„ Suspendez donc vos coups ; promettez récompense
„ Aux strélitz assurés de ma reconnaissance.
„ Si les ingrats Boyars sont encor dangereux,
„ En vous j'implore encore un prince généreux.

Oui princesse, lui dit HAVANSKI, qu'elle enchante,
Mon ame, à vous défendre aussi prompte qu'ardente,

A

A votre feul fignal faura bien retrouver

Ces Boyars criminels qui croyent m'échapper.

  Il dit: & d'un feul mot fa milice fougueufe

Difparut & calma fa rage impétueufe,

Comme on voit du foleil les rayons vifs, ardens,

Diffiper l'ouragan qu'ont formé plufieurs vents.

Mais avec plus de force on voit cet incendie

Sortir de fes réduits par les foins de S o p h i e

Un bruit fourd & confus dit qu'on veut éblouir

La famille des Czars toute prête à périr:

Que quelques grands ligués pour partager le trône,

Amufent ma jeuneffe avec une couronne,

Que dans ce même tems mon frere incommodé

Périffait le premier par un mal commandé.

  En effet les Boyars que pourfuit la tempête,

Du facré diadême ornent ma jeune tête,

Croyans qu'en leur faveur un prince couronné

Pourrait mieux retenir le ftrélitz mutiné.

On veut même flatter la difcorde cruelle,

Pour en mieux étouffer la derniere étincelle,

On

On veut bien obéir aux cris tumultueux
Que pouſſaient au Kremlin les ſtrélitz furieux.
„ Meurent les ennemis de la maiſon régnante!
„ Périſſez! crioient-ils d'une voix foudroyante,
„ Cruels Boyars qu'on dit attenter à ſon ſang,
„ Avoir même déjà fait périr le Czar J E A N
Que faire? du conſeil la timide aſſemblée
Ne peut délibérer dans une cour troublée;
Il fallait leur montrer ce prince languiſſant
Qui de leur trop d'amour gémiſſait triſtement.
Il voudrait du repos, c'eſt envain qu'il l'ordonne;
Les ſtrélitz forcenés lui donnent la couronne;
Mais loin d'être flatté de leur affection
De ſa mort il croit voir la proclamation.

   Notre ſœur, bien plutôt en effet couronnée,
Fait briller dans ſes yeux le feu de ſa penſée,
Croyant que par J E A N ſeul elle va gouverner,
Et préparer le peuple à la faire régner.
Ce n'etait pas aſſez; ſa cruelle ſageſſe
Voyait avec chagrin mon active jeuneſſe,

At-

Atteindre en peu de tems sa plus belle saison,

Et m'apporter bientôt les fruits de la raison.

Cet heureux tems pour moi lui devenait funeste.

„ Je veux vous prévenir, momens que je déteste!

Dit-elle dans l'accès de son ambition;

„ Ne puis-je pas aussi régir ma nation?

„ Quels sont donc ces enfans? Ne suis-je pas l'aînée?

„ A ramper sous leurs loix qui m'aurait condamnée?

„ Hommes grossiers, cruels! Hommes trop inhumains

„ Qui d'un sexe indulgent dominez les destins;

„ Rien n'est mieux arrangé sur cette vile terre,

„ Des hommes devant nous rempans dans la poussiere,

„ Forcés de rendre hommage à nos moindres appas,

„ Quand nous voulons régner arrêtent tous nos pas.

„ Enfans que j'ai vu naître, & sans expérience,

„ Venez me faire taire avec votre puissance!

„ Vous ministres des Czars, insolens serviteurs,

„ Venez faire abaisser le plus noble des cœurs!

„ Et toi vil espion, qui fais le nécessaire,

„ Précepteur dangereux du trop dangereux PIERRE,

<table><tr><td>D</td><td>„ Là</td></tr></table>

  » Lâche DOLGOROUKI, grand miniftre orgueilleux,

  » Je veux régner fur toi; viens périr fous mes yeux.

  Elle dit: & jouant la cour & la milice

Par le double reffort d'un affreux artifice

Elle court allarmer les crédules Boyars,

Les prie d'enlever & de cacher les Czars;

Ayant, dit-elle, appris que les mains téméraires

Du traître HAVANSKI vont égorger fes freres;

Renouveller encor des ftrélitz la fureur

Pour s'emparer du trône en époufant fa fœur.

  Tandis qu'avec effroi notre cour effarée

Nous prépare en tumulte une fuite égarée,

Sophie adroitement fait dire à HAVANSKI

Qu'on enleve les Czars, & que DOLGOROUKI,

Ce traître protecteur des troupes étrangeres,

Fait marcher en fecret ces foldats mercenaires

Pour affurer fon crime & régner furement,

Bravant de HAVANSKI le zélé dévoüement.

  Qui pourrait exprimer l'effrayante furie

Dont fon ame bouillante était alors faifie?

C'eft

C'eſt un poiſon ſubtil que lancent ſes regards,

Qui raſſemble à l'inſtant tous ſes ſoldats épars.

Sur ſes rapides pas la vengeance les mene,

Met dans leurs mains un fer aiguiſé par la haine;

La mort, l'affreuſe mort, plane en l'air devant eux,

Et tombe en ſurprenant les Boyars malheureux.

Leurs apprêts pour partir ſemblent prouver leurs crimes,

Et livrer aux ſoldats de coupables victimes.

Pluſieurs de ces Boyards ſur leurs chariots ſanglans

Meurent priant le ciel vangeur des innocens.

D'autres dans les adieux d'une famille aimable,

Surpris par le fer nud du ſtrélitz intraitable,

Ignorent que SOPHIE ordonne leur trépas,

Et plus que les ſtrélitz y trouve des appas.

Enfin de tous côtés environnant ſa proye

Juſqu'à DOLGOROUKI le trépas ſe déploye;

Ce miniſtre bientôt entouré d'aſſaſſins

Touche au terme fatal de ſes derniers deſtins.

„ Frappez, dit ce grand homme, abrégez cette vie;

„ J'ouvre en mourant les yeux; c'eſt la main de SOPHIE

D 2

„ Dans

„ Dans ce coup de la mort moi, mon fils & Boyars,

„ Reconnaiſſons Sophie ennemie des Czars.

„ Strélitz reſpectez-les, & défendez leur trône.....

„ Pour le ſurplus amis que le ciel vous pardonne.....

Lors ſon ame paiſible en prenant ſon eſſor

Suit celle de ſon fils digne d'un plus doux ſort.

  Imprudent Havanski! jouet trop miſérable

De ma ſœur qui trama cette ſcene exécrable,

Que n'entendîtes vous ce miniſtre mourant,

Vive image bientôt de vous-même expirant,

De vous, de votre fils, condamnés par Sophie

Pour ſes propres forfaits à perdre auſſi la vie!

  L'aveugle Havanski courant à ſon malheur,

L'orage étant fini félicite ma ſœur

Sur la tranquilité, la gloire & la puiſſance,

Que l'empire des Czars aura ſous ſa régence :

„ Vos ennemis ſont morts : régnez paiſiblement;

„ Et ſi jamais, dit-il, mon vif attachement

„ A bien pu ſecourir les Czars & ma princeſſe,

„ Couronnez de mon fils l'invincible tendreſſe.

                              „ Cat-

„ CATHERINE, par vous accordée à fon cœur,

„ En lui donnant la main fera tout fon bonheur.....

  „ Prince! interrompit-elle, employant le miftere,

„ Je fais comme je veux achever cette affaire.

„ Jamais je n'oublîrai vos célebres exploits

„ Je leur rendrai juftice, & comme je le dois.

„ On célebre bientôt le nom de CATHERINE;

„ Rendez-vous à Troïtz; c'eft-là que je deftine

„ Cette fête qui doit terminer tous vos vœux.

HAVANSKI remercie, & croit fon fils heureux.

Mais telle eft des humains la fortune cruelle

Qu'on n'eft jamais plus près de la trouver rebelle,

Que lorfqu'on fe promet de lui voir accomplir

Ce que peut fouhaiter notre plus cher defir.

  HAVANSKI l'éprouva: La barbare SOPHIE

De fon cher GALLITZIN écoutait trop l'envie;

GALLITZIN, dit le grand, ne pouvait pardonner

A fon heureux rival l'honneur de dominer.

Son cœur ambitieux fe trouvait au fuplice

En voyant HAVANSKI régner par la milice;

D 3

Croi-

Croire de bonne foi que la mort des Boyars
Avait fauvé par lui & Sophie & les Czars.,
Ma fœur lui devait tout : & la reconnaiffance
Pour tous les cœurs ingrats eft un poids trop immenfe;
Un fervice important fait fouvent d'un ami
Un objet incommode, & même un ennemi.
Et l'on a plutôt fait de faire difparaître
Un puiffant ferviteur que l'on croirait fon maître;
Enfin de HAVANSKI le zéle impétueux
Etonnait GALLITZIN, grand cœur, mais pareffeux.

   Cependant arrivaient ces cruels jours de fêtes
Qui du pere & du fils faifaient tomber les têtes.
Chacun d'eux fans allarme & fans preffentiment
Vers le lieu du fuplice allait pompeufement :
Voyant de loin la fête.... ah quelle fcene horrible !
Un efcadron armé d'un mandement terrible,
Envelope le pere & le fils à l'inftant ;
De la vie à la mort l'arrêt eft foudroyant.
Mais HAVANSKI reprend cette mort qu'il affronte,
De ne pas arriver fur une aile plus prompte,

Pour

Pour l'empêcher de voir poignarder à ses yeux

Son fils digne de vivre en amant glorieux.

„ O mon cœur, difait-il: quel eft le Dieu fuprême

„ Qui vous forma fi fier pour mon malheur extrême?

„ Intelligence aveugle ouvrez enfin les yeux

„ Et voyez les grands cœurs ici bas malheureux.

„ Mais ferait-ce un malheur que de quitter la vie?

„ Non, non; & quand fur-tout on ne voit plus Sophie.

„ Barbare continue, & fais frémir les cieux

„ En puniffant en nous tes crimes odieux.

„ Mais en monftre, crois-moi, tu vivras dans l'hiftoire,

„ Qui doit plaindre à la fin mon nom & ma mémoire.

Il dit, & fans pâlir il voit venir la mort;

Et même avec mépris fon ame prend l'effor.

Qui pourrait t'exprimer l'exceffive colere

Des ftrélitz qui bientôt redemandent leur pere,

Qui pleurans leur malheur les armes dans les mains

Jurent d'exterminer ces juges inhumains.

Heureufement un corps de troupes étrangeres

Par mon frere Foedor attiré fur nos terres,

D 4

Ar-

Arrêta les efforts des ftrélitz furieux,
Et dont la cour punit les plus féditieux.

GALLITZIN, délivré d'un rival formidable,
Et toujours de ma fœur le tyran agréable,
S'empara fous fon nom du timon de l'état;
Par TEKELAVITOFF gouverna le foldat;
Mais pour mieux affermir fa puiffance douteufe
Gagna les Suédois par une paix honteufe;
Et cédant notre gloire à ce peuple ennemi
Aux dépens de l'état il s'en fait un appui.

LA PETREADE

OU

PIERRE LE CREATEUR.

CHANT TROISIEME.

LE ciel, le juste ciel, oubliant ses maximes,
Semblait en se taisant favoriser les crimes ;
Mais ce silence enfin endormant leurs auteurs
Entassait sur leurs chefs de plus affreux malheurs.
GALLITZIN triomphait, & l'altiere SOPHIE
Voyait à ses genoux la tremblante Russie ;
Et retenans eux deux l'autorité des Czars
Ils trouvaient le secret d'abaisser les Boyars,

Pré-

Prenans de longue main d'infaillibles mesures
Pour se faire au besoin nombre de créatures,
Avançaient aux honneurs & poussaient aux emplois
Ceux-là seuls qui savaient adorer mieux leurs loix.
Négligeans la noblesse inégale & trop fiere,
A des ambitieux, tirés de la poussiere,
Ils offraient & donnaient les postes importans,
Que les cruels strélitz avaient rendus vacans.
Un TEKELAVITOFF, homme du bas étage,
Voit d'un œil étonné tomber dans son partage
L'honneur de commander le strélitz tout-puissant,
Et dévoue à ma sœur son épée & son sang.
Tranquilles au dehors GALLITZIN & SOPHIE,
S'assurans le secours de la Suede amie
Par des traités de paix lâchement accordés,
Et régnans dans l'état sur des cœurs affidés,
Pouvaient se rendre heureux & gouverner sans crimes.
Mais des ambitieux qui conçoit les maximes?
Leur pouvoir absolu régnait sous notre nom,
Et notre mort manquait à leur ambition.

Ma

Ma sœur en l'attendant, abufant mon enfance,

Et de mon frere ainé careffant l'indolence,

Dans les plus viles mains avait livré mon fort

Pour détourner mes pas du trône de FOEDOR.

Son efprit prévoyant, & dans la politique

Marchant d'un pas actif, toujours fiftématique,

Efpérait que mon cœur s'abrutirait enfin

En goûtant des pervers le funefte venin :

Croyait que mon efprit par un vin trop nuifible

Comme l'efprit de JEAN devenant infenfible,

Perdant de la raifon l'aimable fentiment,

Me ferait rejetter de tout gouvernement,

Et lui prolongerait la fuprême régence,

Ou fans doute plutôt la fuprême puiffance.

Le ciel jufte & clément qui fuit l'iniquité

Dans les plus noirs détours de fon obfcurité,

Renverfe les complots & foutient fon ouvrage,

Et tout prince qui fait lui rendre un noble hommage,

A confervé mon cœur né pour les Ruffiens,

Pour les porter au rang des plus brillans humains.

Les

Les zélés NARESKIN, dont le sang par ma mere

Se trouvait allié de mon illuftre pere,

Prévirent le danger, & m'ôterent des mains

Des lâches courtifans, corrupteurs inhumains

Des jeunes princes nés avec la pente heureufe

D'un efprit bienfaifant, d'une ame vertueufe.

Vous-même vertueux, BORIS, fidele ami,

Par mes dignes parens vous vous vîtes choifi

Pour veiller fur mes jours, pour guider ma jeuneffe,

Et pour contre-miner la dangereufe adreffe

D'une fœur qu'on voyait habilement mener

Ses obfcurs fouterrains jufqu'à me détrôner!

Vous! du grand GALLITZIN trop habile adverfaire,

Et qui fûtes alors mon ange tutélaire,

Pourquoi gâter après des fervices fi doux

En forçant votre Czar à s'éloigner de vous?

Pendant qu'avec éclat au confeil de régence

SOPHIE & GALLITZIN fignalent leur puiffance;

L'Allemagne & Pologne accourent implorer

Des fecours qu'on ne peut plus longtems différer.

Le

Le fier sultan des Turcs avait fait trembler Vienne,
Le centre des remparts de l'Europe chrétienne.
L'heureux pere des Czars, disait l'ambassadeur,
Ayant contre les Turcs déployé sa valeur,
Avait fait triompher sa sage politique,
Et consacré ses fils à la cause publique.
GALLITZIN, qui cherchait par ses talens hardis
A se faire en Russie un grand nombre d'amis,
Craignant pour ses desseins une trop longue absence,
Hésita : mais enfin il signa l'alliance,
Esp rant d'éblouir quelques-uns des Boyars
Par l'honneur de régner sur les plaines de Mars.
Mais de PRECOPS aucun ne veut tenter le siege,
Et laisse GALLITZIN retomber dans son piege.

Excité par la gloire, animé par ma sœur,
Il se fit général & se piqua d'honneur.
Disposant à son gré des soins de la régence,
Il part environné d'un appareil immense ;
Se fait suivre en héros d'un monde de guerriers,
Qui croyaient sur ses pas moissonner des lauriers.

Mais

Mais ô vaine espérance! O gloire des barbares!
GALLITZIN retourna le jouet des Tartares,
    Tartares, ignorans les loix du droit divin,
Qui suivez brusquement un appétit humain,
Qui, ne connaissans point les nations savantes,
Aimez, & pour vous seuls, vos mœurs trop dégoûtantes,
Les voiturez sans cesse en toute liberté,
Sans avoir de province, ou païs arrêté :
Qui faites de vos chars des demeures mobiles,
Et qui tous réunis font d'ambulantes villes.
Vous qui vous ennivrez du lait de vos bestiaux,
Et faites vos ragoûts de la chair des chevaux,
Elevans vos enfans dans la brute nature
Qui prend tout par la force & non par l'imposture,
Du moins, on ne vit point, dans vos hordes sanglans,
Des martirs de la foi les membres palpitans
Prendre à témoin le ciel que le chrétien barbare
Est cent foit plus que vous inhumain & tartare.
Les Tartares Crimiens, un peu plus policés,
Qui se vantent d'avoir des murs civilisés,

Con-

Connaissans un peu mieux l'adroite politique,

Dans le monde chrétien deviennent république.

Cruellement trompé par leur Kan inhumain,

GALLITZIN crut ce roi déjà tyran chrétien.

Ce prince scélérat, sachant que son armée

Faute de magazins se trouvait affamée,

Fit proposer la treve, & prolongeant le mal

Sans combattre il défit l'imprudent général.

    Résistant par la fuite au Kan de la Crimée

GALLITZIN vit périr la moitié de l'armée.

Mais adroit politique, & qui sait éblouir,

Il bâtit une ville au lieu d'en conquérir;

Aux bords de la Samare il crut fonder sa gloire

Et bâtir un trophée à sa fausse victoire.

    SOPHIE cependant fit sonner en tous lieux

De son cher favori les triomphes honteux,

Et sut faire passer une triste retraite

Pour une heureuse paix glorieusement faite.

Par les soins de ma sœur, par ses adroits complots,

On reçoit à la cour GALLITZIN en héros.

Mais

Mais malgré ma jeunesse on me vit bien comprendre
Qu'un héros à la guerre est celui qui fait prendre.
Voulant vanger l'honneur de nôtre nation,
Je leur fis éprouver mon indignation.
A la Russie ainsi son Czar rendait hommage
En couvrant GALLITZIN du plus sensible outrage,
Mon jeune cœur dès lors sentait l'énorme poids
Que ce ministre altier imposait par ses loix.
Je refusai de voir l'ami de la régente,
Et ma personne enfin ne lui devint présente
Que pour mieux l'accabler de reproches sanglans.
Sur sa présomption, sur ses faits impuissans.
SOPHIE, que ce trait d'autorité suprême
Allarme & fait rougir pour un prince qu'elle aime,
S'anime à la vengeance, & dans sa passion
Confond l'amour, la haine, & son ambition.

Trop funestes degrés qui font monter au crime!
Et sur-tout une sœur dont la haute maxime
Est de ne point trembler devant les grands forfaits
Qui peuvent l'elever à ses plus chers souhaits;

Un

Un trône qui brillait à fes regards avides
Excitait fon génie à des projets perfides
Sur mon palais, rougi de mon fang innocent,
Ou fur ma liberté : malheur plus effrayant !
Le profond GALLITZIN avec plus de prudence
De fon ambition calmait l'impatience ;
SOPHIE promettait un trône à fes amours,
Il n'y voulait aller que par de longs détours.

   C'eft ainfi que l'on voit des guerriers intrépides
Attaquer l'ennemi fur des côteaux rapides,
Tandis que plus prudens d'autres enfans de Mars
Par un plus long chemin furprennent fes remparts.
   „ J'adore, difait-il, admirable princeffe,
„ Cette divine main, le prix de ma tendreffe ;
„ Au fceptre dans l'inftant tu pourras m'élever,
„ Mais dans l'inftant auffi il peut nous écrafer.
„ Sans paraître régner affermiffons ton trône,
„ Raffemblons en fecret les fleurs de ta couronne ;
„ Ces fleurs font l'amitié du peuple & des feigneurs,
„ Dont par mille bienfaits il faut dompter les cœurs.

E

„ Le

,, Les Ruffiens encor trop foumis, trop fideles,

,, Chériffent trop leurs Czars pour devenir rebelles.

,, Il faut qu'ils foient matt's par des faits odieux,

,, Pour qu'ils verfent ce fang qui leur eft précieux;

,, Et que perfécutés, fans efpoir de juftice,

,, Ils voyent fous leurs yeux le plus affreux fuplice

,, Pour ofer attenter au fang des fouverains,

,, Pour le voir découler de leurs tremblantes mains.

,, Et toi dès aujourd'hui mon augufte princeffe,

,, Fiere de ton courage, oubliant ton adreffe,

,, Tu crois que fans danger tu finiras leur fort?

,, L'héroïsme n'eft rien, s'il n'eft pas le plus fort;

,, Le courage perd tout ce qu'il a d'héroïque,

,, Quand il n'eft pas mêlé d'un peu de politique;

,, Et s'il n'eft pas adroit, il eft trop dangereux:

,, Dans l'hiftoire on en voit mille exemples affreux.

,, Le tems nous donne tout dans fa courfe volage,

,, Sufpendons fans danger un trop bouillant courage.

,, Rendons adroitement nos fouverains cruels,

,, Et toi par tes bontés mérite des autels.

,, Cher-

„ Cherchons pour le Czar J E A N une épouſe inutile ,

„ Epouſe qui chez lui ſe trouvera ſtérile......

„ Cependant s'il naiſſait quelqu'enfant par hazard ,

„ Cet enfant de l'ainé, dans nos mains vrai céſar ,

„ Repouſſera du trône un trop dangereux P I E R R E

„ Devenu pour le peuple un Czar peu néceſſaire.

„ Perſécuté par nous, des grands abandonné ,

„ Aiſément dans un cloître il ſera confiné ;

„ L'on peut autoriſer ce nouveau trait d'hiſtoire

„ En rappellant ſur-tout de SCHOUISKY la mémoire.

„ Et comme de ce lieu par nos ſuprêmes loix

„ On ne peut plus tirer ni magiſtrats ni rois,

„ Nous pourrons librement ſans craindre JEAN ni PIERRE

„ Faire croire l'enfant un Czar imaginaire ,

„ Un vrai fantôme impur du beau ſang de nos Czars ,

„ Et te gagner par-là les plus rétifs Boyars.

„ Ils verront tous en toi leur aimable reſſource ,

„ D'une ſuite de Czars la précieuſe ſource.....

„ Et dans toi, mon cher prince, interrompit ma ſœur ,

„ Ils verront un époux trop digne de mon cœur ,

E 2

Je

„ Je cede à tes avis, je rentre dans mon ame

„ Pour y pouvoir trouver une moins vive flamme,

„ Que celle dont mon cœur se voyait confumer

„ Pour toi-même, pour qui je veux vivre & régner;

„ Pour toi-même fans qui le facré diadême

„ Me deviendrait profane & d'un ennui fuprême.

    Elle dit; & d'abord fon profond confident,

Sous les dehors zélés d'un confeil tout prudent,

Infpire fes amis favoris de mon frere;

    „ Un hymen, leur dit-il, un hymen néceffaire

„ De notre Czar ainé, qu'un noir chagrin aigrit,

„ Ranimera les fens, égayera l'efprit.

„ Une femme agréable, & fur-tout fouveraine,

„ Ranime des plaifirs la falutaire haleine;

„ D'un maître qui s'irrite adoucit les humeurs,

„ Fait le bonheur des cours par fes dons enchanteurs.

    Le miniftre parla: fa parole lâchée

Fut bientôt accomplie au gré de fa penfée;

De courtifans actifs un effaim bourdonnant

Va répandre au Kremlin, fur un ton triomphant,

                                        Au-

Autour de mon ainé fon efpoir & fa joye,

En difcours féducteurs à l'envi fe déploye;

L'un de la Proscovie releve la beauté,

L'autre de Soltikoff réleve la bonté,

Son zele pur, ardent, fon ancienne nobleffe,

Et fes vertus enfin qu'aucun défaut ne bleffe.

Mon frere vit fa fille & fes charmes piquans,

Qui réveillent d'abord fes efprits languiffans.

Le dieu d'hymen arrive avec toute fa pompe

Pour éblouir les yeux d'un fouverain qu'on trompe.

La digne Proscovie, époufe de fon Czar,

Empêcha fa vertu de donner au hazard

Le plus léger clin-d'œil, le plus fimple fourire,

Pour mieux mettre en défaut le talent de médire;

Pour forcer Gallitzin à refpecter l'enfant

Qui prouvait que l'époux n'était point impuiffant.

En effet la nature agit dans l'imbécile,

Et le rend en amour auffi favant qu'utile,

Pour remplir les deffeins du dieu de l'univers,

Qui montre fa grandeur dans les plus petits vers.

E 3

Mon

Mon oncle cependant sentit le coup de foudre,
Que cet enfant pouvait mettre mon trône en poudre;
Et qu'un fils de l'ainé pouvait bien l'emporter,
Pour peu qu'on le jugeât digne de commander.
Pour moi qui me sentais, je n'avais nulle crainte;
Un prince qui se sent en a-t-il quelqu'atteinte?
Je ne redoutais rien, mais on craignait pour moi,
Mes amis de l'hymen m'imposerent la loi
Pour ôter l'espérance à l'ardente Sophie
De pouvoir dans un cloître ensévelir ma vie.
A mon tour devenant bientôt pere d'un fils,
Et faisant triompher mes fideles amis,
Nous fîmes échouer, par cette contremine,
Du plus adroit complot l'odieuse machine.
Mais hélas! ce ne fut que pour voir succéder
Le plus affreux projet que l'enfer pût créer!
Puisqu'une même nuit complice de sa rage
Devait faciliter un horrible carnage
De ma famille entiere, & des plus grands Boyars,
Dont le sang assurait le trépas des deux Czars.

” Non,

„ Non, non, difait Sophie, en fa fureur extrême
„ Il faut les immoler pour fe fauver foi-même.
„ Vous Gallitzin ! ceffez de fufpendre mes coups,
„ Ou de PIERRE craignons le barbare courroux;
„ Je les lis dans fes yeux : qu'ils voyent ma vengeance;
„ L'on peut tout pour régner, & tout pour fa défenfe.
Elle dit : & le prince honteux d'avoir manqué
Le coup dont il voulait que je fuffe attaqué,
N'ofant plus oppofer fa malheureufe adreffe
Aux deffeins emportés de la fiere princeffe,
Par un louche difcours affecta d'approuver
Un projet qui manquant peut fe defavouer.

La princeffe fortant de ce confeil perfide
Employe un bras formé pour être parricide;
A Tekelavitoff, des ftrelitz chef affreux,
Elle ofe découvrir fon projet malheureux.
Ce monftre, qui lui doit & fa place & la vie,
Qui refpectait déjà fa reine dans Sophie,
Lui jure par le fer, qu'il fait étinceler,
Que dans peu fur le trône il la fera briller,

E 4Après

Après l'avoir défait d'une foule importune
De parens & Boyars tyrans de la fortune,
Il part, il court, il vole , assemble ses soldats,
Et dont il choisit ceux qui sont plus scélérats.
Il en compose un groupe horrible, impitoyable,
Et qui met son espoir dans un coup exécrable.

Dans un lieu de plaisance ignorant leurs complots,
D'une trompeuse nuit je goûtais le repos,
Pendant que les strélitz, que réveillent les crimes,
Marchaient à petit bruit pour trouver leurs victimes.
O moment déplorable où la fleur de l'état
Périssait pour jamais sous le fer du soldat !
Le ciel peut l'attester si jamais ma mémoire
Pour moi-même a frémi de cette affreuse histoire.
Ma mere & mon épouse & mon fils dans ses flancs,
Mes oncles, les Boyars & mille objets sanglans,
Image trop cruelle & de sang & de flamme,
Eloignez vous de moi, n'atristez plus mon ame.

En effet des hauts cieux la propice bonté
Arrêtait en chemin le crime concerté.

Sur

Sur deux ſtrélitz agit la divine influence
Et leurs cœurs palpitans, regretans l'innocence,
Du crime à la vertu paſſent rapidement;
Ils courent profitans d'un obſcur firmament,
Au ſein des NARESKIN réveiller les allarmes.
Mes parens, mes amis, & mon épouſe en larmes,
Viennent m'environner en m'inondant de pleurs,
Pour ſauver du trépas PIERRE & ſes ſerviteurs.
On me prie en tumulte, & cent voix ſuffoquées
Sans abbattre mon cœur étonnent mes idées.
Mais mon ame auſſitôt, reprenant le deſſus,
Ordonne dans l'inſtant que ſans ſoins ſuperflus
NARESKIN & BORIS ſur leurs courſiers rapides
Aillent examiner ces ſtrélitz parricides.
Je craignais après tout de trop commettre un Czar
Et pour un vain ſoupçon de m'enfuir au hazard.
Mais il était trop vrai qu'une troupe aſſaſſine
Pour nous immoler tous venait à la ſourdine.
NARESKIN & BORIS par un autre chemin
Reviennent confirmer ce complot inhumain.

E 5

Vers

Vers Troïtz à l'inftant chacun fe précipite,
Et moi-même en vrai roi je protege leur fuite.
Troïtz eft un couvent vafte & fortifié
Que les tréfors du Ruffe avaient gratifié,
Et qui pouvait d'abord,dans un moment d'allarmes:
A vingt mille fujets faire prendre les armes:
Heureux encore, heureux, l'état qui de nos jours
Peut du moine opulent arracher du fecours.

Cependant arriva la troupe meurtriere;
Mais TEKELAVITOFF tremble & fe défefpere,
Apprenant que le Czar, avec toute fa cour,
Avait abandonné ce dangereux féjour,
Pour aller dans Troïtz veiller à leur défenfe.
Le cruel chef confus retourne en diligence
Annoncer en tremblant à ma barbare fœur
Son malheureux fuccès & toute fa frayeur.
Mais la fiere SOPHIE eft toujours elle-même,
Sachant diffimuler fon embarras extrême;
Et fon efprit planant au deffus des remords,
Voulut faire jouer quelques nouveaux refforts.

L'ido-

L'idole qu'on révere en toute la Ruffie,
Et plus qu'un demi Dieu dans fa propre patrie
Le patriache enfin arrivant de fa part
Croyait nous éblouir par les termes de l'art;
Venant au nom de Dieu, Dieu de miféricorde,
Donner fa fainte paix & bannir la difcorde.
Mais voyant qu'on était un peu trop animé
Pour reffentir l'amour dont il eft enflammé,
Il voulut accufer en mauvais politique
Notre fuite à Troïtz d'une terreur panique,
Prétendant que SOPHIE avait un trop grand cœur
Pour former un projet qui fait frémir d'horreur.
Mais notre faint prélat changea vîte d'idées
Apprenant de ma fœur les cruelles menées,
Et que lui-même enfin, profcrit & maffacré,
A Silveftre eût transmis fon paftorat facré.
Le prélat plein d'effroi, mais devenu plus fage,
D'aller revoir ma fœur n'avait plus le courage.
Ses tantes, & les grands, apprenans fes projets,
Venaient à mes genoux fe montrer mes fujets;

Des

Des ſtrélitz à l'envi quelques troupes entieres
Volaient joindre déjà mes troupes étrangeres;
Tous les fideles cœurs déjà m'environnaient,
Une ſeconde fois ces cœurs me couronnaient.

    Sophie juſqu'alors conduite par l'adreſſe
Voulut faire parler une feinte tendreſſe.
Hélas! ſi de ſon cœur j'avais eu le retour,
Je bénirais encor cet eſtimable jour!
Mais ce cœur ulcéré contre ſon propre frere
Me força trop longtems à me rendre ſévere.
Elle voulut venir ſe mettre en mon pouvoir
Pour montrer ſon amour & tout ſon déſespoir.
Oui mon ame en trembla; grand roi, je le confeſſe,
Et tout roi que l'on eſt on a quelque faibleſſe;
Ce même ſang, hélas! qu'elle voulait verſer,
Me criait de la voir & de la careſſer.

Le bonheur de l'état, l'honneur de la Ruſſie,
Proscrivaient cette ſœur, condamnaient mon envie;
Mais reſpeſtant ſes jours confinés au couvent
De ſa cruelle humeur j'arrêtai le torrent.

Heu-

Heureufe! fi dès-lors fe tournant vers les charmes,

Qu'offrent mille plaifirs éloignés des allarmes,

Elle avait repouffé le funefte aiguillon

D'une haine impuiffante & de l'ambition.

Relançant GALLITZIN avec fa politique

Loin d'un fatal crédit fous notre pole arctique,

Et du chef des ftrélitz abrégeant les tourmens,

En le faifant périr avec fes confidens,

Je raffurai les cœurs de ma trifte patrie,

Et me mis en état au péril de ma vie,

De faire le bonheur d'un peuple que j'aimais,

De faire pour fa gloire ou la guerre ou la paix.

Trop trifte circonsftance! où maître de mon trône

J'avais à réparer l'honneur de ma couronne.

Un miniftre tyran de ma minorité

Fit avec la Suede un trop lâche traité.

De fon joug je devais affranchir la Ruffie,

Reprendre en triomphant les ports de Livonie;

Païs qui, néceffaire à mes plus chers deffeins,

Nous unit par la mer au refte des humains.

Mais

Mais hélas! que pouvais-je? une guerre en Crimée
Contre la politique affez mal commencée,
Avec les Ottomans engageait nos combats,
Et pour leur réfifter occupait nos foldats.
Je me fentais trop d'ame; & des Ruffes la gloire
Demandait ou ma vie, ou la pleine victoire.

Je voulus y marcher, mais vers ces heureux bords
Où l'ancienne Tana dominait par fes forts
Les Tartares Neguays. Ils font vers l'embouchure
Du fleuve Tanaïs, l'honneur de la nature;
Et leur port communique,au travers de dix mers,
Jufques dans l'océan qui borne l'univers.
J'ambitionnai donc cette ville importante
Pour une nation guerriere ou commerçante;
Et je fis à la fin, après divers fuccès,
Avancer mes foldats jufqu'à fes parapets.
Mais l'Europe attentive à cette forterefle,
Qui d'un nouvel état fe rendait la maîtreffe,
Admirait que les Czars des faibles Ruffiens
Vouluffent figurer chez les grands fouverains.

Je-

Je me fentais, lui dis-je, une ame trop immenfe
Pour me croire au-deffous de toute leur puiffance......
    Je m'arrête, grand roi, ce mot m'eft échapé,
Guillaume dit; ,, fuivez votre efprit élevé.
,, Pourquoi le ciel veut-il vous prodiguer fa flamme?
,, Jamais le ton rempant ne fut d'une grande ame.
,, Et chaque grand cœur doit fe rendre glorieux
,, Pour faire honte au lâche & gloire aux vertueux.
,, Grand prince pourfuivez votre étonnante hiftoire
,, Car déjà tout en vous eft digne de mémoire;
,, Et moi-même j'y crois mériter le refpect
,, Des vrais admirateurs de notre ELISABETH.
    Sire! reprit le Czar, ma trifte renommée
Par le public altier aurait été blâmée,
Et jamais on n'eût vu tomber Afoph fous moi,
Au fuperbe Ottoman infpirer quelqu'effroi,
Si je n'avais changé de marche & de fiftême;
Des Ruffiens les Czars, par un malheur extrême,
N'avaient jamais penfé qu'on fe battît fur mer,
Leurs fujets l'auraient pris pour une œuvre d'enfer.

Sans

Sans vaisseaux on croyait prendre la forteresse,
Mais moi je m'apperçus de ma propre faiblesse.
Dans son port chaque instant recevant des vaisseaux,
Asoph par leur secours surmontait nos travaux;
Et pour mieux réussir je résolus d'attendre
Que j'eusse les vaisseaux que je fis entreprendre;
Et je me contentai, par divers campemens,
De tenir en échec leurs fiers retranchemens.

Cependant une armée arrivait de Turquie,
Et qui, joignant bientôt celle de Tartarie,
A grand bruit s'avança pour offrir les combats,
Et jusques dans nos forts défia nos soldats.
De ces Turcs insultans la hardiesse orgueilleuse
Des Russes excita l'audace impétueuse.
Nous les vîmes ces Turcs attaquans nos remparts
Crier le nom de Dieu dans les plaines de Mars.
De nos lâches remparts sortans avec courage,
Sur eux nous fîmes fondre un furieux orage,
Et les Turcs étonnés sous le poids de nos feux
S'animaient à se rendre encor plus dangereux.

Aux

Aux Tartares les Turcs faifans prendre le large

Revenaient avec eux, retournaient à la charge;

Et mêlans à la flamme & le fer & la mort

Voulaient de ce combat faire changer le fort.

Mais hélas! c'eft envain; & la mort contr'eux-mêmes

Tourne fes étendarts, étend fes loix fuprêmes.

En filence fer bas fur eux nous enfonçons,

Et bientôt fur leurs morts à grands pas nous marchons;

On les voit s'écarter, & méditer leur fuite;

Ils fuyent en effet, nous preffons la pourfuite;

Nous voyons fous nos pas les morts & les mourans,

Les Turcs fe difperfer en faibles camps volans.

Nous attaquions Afoph après cette retraite,

Mais les Turcs fur la mer réparans leur défaite,

Voguans à pleine voile apportaient des renforts,

Qui pouvaient repouffer tous nos plus vifs efforts.

Notre flotte, à ma voix du pur néant fortie,

Paraiffait formidable aux yeux de la Ruffie;

Mais en effet trop faible à mes yeux prévoyans,

Par la rufe il fallait nous rendre plus puiffans;

Retrancher nos vaisseaux, si j'ose ainsi le dire,

Près d'une isle cacher chaque plus grand navire,

Tandis qu'avec le reste affectant la terreur

Je remontais le fleuve en fuyant un vainqueur.

L'Ottoman en effet, plein d'une vaine gloire,

Remontait après nous en chantant sa victoire;

Mais nos vaisseaux cachés paraissent dans l'instant,

Attaquent l'ennemi déjà moins triomphant.

Tout à coup je revire, & par-là j'environne,

Je mets entre deux feux l'Ottoman qui s'étonne,

Et qui ne pouvant plus combattre & manœuvrer,

Veut se remettre au large & de loin nous tirer.

Mais il court sous le feu de nôtre artillerie,

Que j'avais su masquer dans une batterie,

Et que firent tonner mes adroits combattans.

Bientôt la mer rougit du sang des Ottomans;

A travers leurs débris je poursuis leur déroute,

Et j'ouvre vers Asoph une immanquable route.

Cette ville effrayée enfin tendit les mains,

Et les Russes par moi se montrèrent humains.

Sur

Sur les bords de la mer par cette fortereſſe

La Ruſſie devient ſouveraine & maîtreſſe;

Et la rade d'Aſoph établiſſant mes droits,

La mer me compte enfin au nombre de ſes rois.

Je rentrai dans Moſcou ſuivi de la victoire;

Chaque cœur m'y gravait au temple de mémoire.

C'était un vrai triomphe au goût des vrais Romains,

Mes ſujets m'élevaient au-deſſus des humains;

Mais je ſentais alors que ma gloire imparfaite

Voulait des Suédois voir encor la défaite;

Oui pour marcher contr'eux on ſe ſent aſſez grand,

Et d'avance on gémit de verſer tant de ſang.

Car il ne s'agit plus de vaincre les Tartares,

De faire agir contr'eux quelques vaiſſeaux barbares;

Pour dompter la Suede il me faut des héros,

Pour la battre ſur mer il me faut des vaiſſeaux,

Des baſtions flottans & portans le tonnerre,

Tels qu'on en voit courir avec votre banniere,

Tels que malgré mes ſoins je n'aurai de mes jours,

Si vous ne m'accordez, grand roi, votre ſecours.

Je

Je le demande en Ruſſe, & qui veut ſur la terre
Figurer à ſon tour ſoit en paix, ſoit en guerre.
   „ Oui, répondit GUILLAUME, & l'on verra ſous vous
„ La victoire amener tous ſes biens les plus doux.
Après ces premiers mots qu'autoriſe l'uſage,
GUILLAUME va parler en roi héros & ſage.
Toujours grand politique il parle ſans s'ouvrir,
Il anime le Czar ſans trop ſe découvrir.
   „ Par votre caractere, & ſur votre parole,
„ Je vois que vous joûrez un héroïque rôle;
„ Et je ferais indigne & de vous & de moi,
„ Si je ne vous aidais en Anglais, en vrai roi.
„ Mais je ne puis pour vous céder à tout mon zéle,
„ Sans que mes alliés me traitent d'infidele.
„ Je leurs dois mes efforts, je dois les ſoutenir,
„ Avec tous mes guerriers il faut les prémunir
„ Contre les attentats de l'orgueilleuſe France,
„ Qui fait trembler l'Europe au bruit de ſa puiſſance:
„ Et jugez ſi le Sud dans ces tems orageux
„ Doit attirer du Nord un peuple belliqueux;

                                                „ Si

„ Si je dois irriter la Suede endormie,

„ Lui donner un prétexte & la rendre ennemie.

„ Ses triomphes paffés contre les Allemands

„ Offrent de fa valeur d'effrayans monumens.

„ Ils n'étonnent point PIERRE, en cela je l'admire,

„ Et je lui porte envie : heureux fi mon empire

„ Donnait ainfi que vous de defpotiques loix......

„ Je redouterais peu les trop fiers Suédois ;

„ Et bientôt dans la paix, me couronnant de gloire,

„ Je ne vous envîrais point l'honneur de la victoire.

„ Vous la remporterez, ainfi que je prévois ;

„ Vous pouvez engager Polonais & Danois

„ A combattre avec vous cette grande couronne.

„ Profitez bien du tems que le Français vous donne :

„ Lui-même retenu par nos efforts unis

„ Ne pourra, croyez-moi, fecourir fes amis.

„ Mais comme à vos fuccès mon ame s'intéreffe,

„ Employez les Anglais, leur favoir, leur adreffe ;

„ Mes navires chargés des meilleurs ouvriers,

„ Iront dans vos états préparer vos lauriers,

F 3

„ Jus-

„ Jufqu'aux jours defirés que la fuperbe France,

„ Succombant aux efforts de la grande alliance,

„ Nous permette d'aller admirer vos exploits,

„ De rappeller la paix au fein des Suédois.

L A

LA PETREADE

OU

PIERRE LE CREATEUR.

CHANT QUATRIEME.

Déjà loin d'Albion PIERRE eſt en Germanie,

Lorſqu'il eſt averti, par ſon heureux génie,

D'aller dans ſes états, dont il ſe montre un Dieu

Actif & bienfaiſant, lumiere & même feu.

Ses ſujets diviſés en bons & mauvais anges,

Pendant qu'il eſt abſent, partagent leurs phalanges,

De la guerre civile affrontent le hazard,

Et veulent s'égorger au ſujet de leur Czar.

F 4

Un

Un vulgaire ignorant s'inquiete & s'irrite
De tous les changemens que ce prince médite.
Quelques-uns, possédans du cœur & de l'esprit,
Méritent que leur nom à la gloire transcrit,
Par les mains du bon-sens gravé dans chaque temple,
Soit pour tous les humains un immortel exemple
De vertus, de sagesse & de fidélité,
Pour servir à l'honneur de notre humanité.
Et d'autres, vil rebut de la triste nature,
Toujours paîtris de fiel & couverts d'imposture,
A peine figurans au nombre des humains,
Condamnent des grands cœurs les oracles divins.
Sous mille préjugés leur faible ame abbattue,
A faire son malheur s'applique & s'évertue;
A force de damner les esprits généreux,
Elle-même se damne en terre & dans les cieux.

  Cette foule de peuple incommode, odieuse,
Dévote avec bassesse & trop tumultueuse,
Apprenant que le Czar veut de ses nations
Réformer les abus, leurs folles notions,

Ne plus baifer les piés d'un trop fier patriarche,
Souleve les ftrélitz, les met en pleine marche.
Vers Mofcou les mutins s'avancent fiérement,
Pour enlever fa fœur de fon trifte couvent;
Déjà leurs vœux hardis la placent fur le trône,
Lui préfentent de loin le fceptre & la couronne,
Se flattans d'empêcher le Czar de revenir
La difputer à ceux qui la voulaient ravir.
Ce terrible complot, ce dangereux miftere,
S'eft tramé fourdement au fond d'un monaftere.
C'eft ainfi que l'on vit, du fond du faint des faints,
Les Hébreux révoltés combattre les Romains.

PIERRE pour mieux voir tout parcourait l'Allemagne,
Mais écoutant l'efprit qui par-tout l'accompagne,
Il réfifte au defir des plus grands potentats,
Les quitte tout à coup, accourt dans fes états.
Les ftrélitz effrayés, ayant mis bas les armes,
Ne faifaient plus voler la crainte & les allarmes;
Et notre Czar charmé du repos des fujets,
Profite habilement de ce dernier fuccès.

A fonder leur bonheur foudain il fe prépare
En détruifant dès lors une troupe barbare.
L'ange de la Ruffie en gémit dans fon cœur,
Mais il commande enfin cet utile malheur.
Il prévoit que jamais fa trop chere Ruffie
Ne fera dans fes mœurs réformée & polie,
Si l'on n'abbat du mal la caufe & le foutien,
L'ami des préjugés, l'ennemi de tout bien.
Le ftrélitz eft profcrit par fa propre malice,
Il fubit par milliers un trop jufte fuplice;
Ce que n'ofa jamais l'Ottoman empereur
Sur l'ardent janiffaire, & toujours fa terreur,
PIERRE l'exécuta fur le ftrélitz impie,
Et détruifit enfin cette race ennemie.
Mais détournons les yeux de ces objets fanglans,
Et plaignons le meilleur des héros bienfaifans,
Qui jufques dans l'orage, en fa jufte vengeance,
Fait rayonner les traits d'une fage clémence.
La trop cruelle fœur, qui machinait fa mort,
Par ce frere attendri vit ménager fon fort.

Il laiffe encore vivre une fœur criminelle,

Mais chez elle il punit une ALECTO rebelle,

Entourant fon réduit de cent affreux gibets,

Où l'on a fuspendu fes prétendus fujets.

Un héros fait toujours de la disgrace même

Tirer un bien réel pour un peuple qu'il aime.

Aimable paffion, des hommes le bonheur !

Vous defir du bon ordre animez le grand cœur:

Ce PIERRE, qu'immolait la fureur de SOPHIE,

S'anime par ce crime à fauver la Ruffie,

Plus elle était pour nous un païs ignoré,

Plus il veut qu'elle foit un climat admiré.

Alors on ne voyait qu'un funefte délire

Déchirer puiffamment fon malheureux empire;

Sentant de fes fujets la fermentation

Il détourna le cours de leur émotion.

Son peuple jufqu'alors courageux, mais informe,

Murmurait, & tout haut, d'une utile réforme.

Il connaiffait fa force en pouffant fes clameurs

Contre les fages loix qui réformaient fes mœurs.

Dé-

Détruisant le strélitz par un juste carnage,
De ses autres sujets il guide le courage
Contre les Suédois, naturels ennemis,
Guerriers entreprenans sur ses vastes païs.

Il fait plus ce héros, sa haute politique
Sait faire de la sienne une cause publique;
Et pour la belle gloire enflammant tout le Nord
Unir & Polonais & Danois à son sort.
Si différens tous trois en génie, en puissance,
De ces trois potentats quelle étrange alliance!
Le Polonais galant, rampant sous ses sujets,
Au milieu des plaisirs tremble pour ses projets;
Le Danois, affranchi des maîtres de son trône,
Ne peut oser jouir, des droits de sa couronne;
Quoique plus despotique, encore moins puissant,
Ménage son état pour qu'il soit florissant.

PIERRE qui se sent fait pour toute grande chose,
Pour le bien des sujets entreprend tout & l'ose;
Son pouvoir despotique est un rayon divin
Pour ses deux alliés & pour le Russien.

Pour

Pour ſes heureux ſujets, & pour ſa gloire extrême,

Il ſait faire valoir l'autorité ſuprême;

Et ſon regard perçant dans les ſombres deſtins

Voit que le deſpotisme eſt utile à ſes fins;

Et s'étant étudié, dans ſes divers voyages,

A penſer ſagement ſur les divers uſages,

Il ſent que les humains, nés ſous différens cieux,

Ne peuvent pas voir tout avec les mêmes yeux,

Dans les fiers Polonais les Sarmates antiques

Reconnaiſſent leurs fils, leurs libertés publiques,

Puiſque les Polonais par leur gouvernement

Ne voyent dans leur roi qu'un ſpectacle brillant.

Le ſervans noblement comme l'on ſert un pere,

Ils cherchent ſes faveurs ſans craindre ſa colere,

Charmés de ſes bienfaits qu'il ne peut plus ôter,

Quand il devient tyran ils oſent réſiſter;

Et pour leurs libertés veillans avec allarmes,

Autant que leurs voiſins ils redoutent ſes armes. (e)

Il

(e) Le but d'Auguſte ſecond en attaquant la Livonie était de remplir
ſon

Il suffirait pour eux qu'il voulût au dehors

Sur des païs voisins étendre ses efforts,

D'abord ils trouveraient son pouvoir redoutable.

Chez eux un roi sans force en est plus respectable.

Ils ne craignent jamais qu'il soit assez puissant

Contre leur liberté, leur bien le plus touchant.

Chez eux un souverain, Sobieski plein de gloire,

Dont les hauts-faits encor font honneur à l'histoire,

A force de grandeur leur parut dangereux,

Et son fils n'obtint point son trône glorieux.

A plus forte raison Auguste en Livonie

Conquérant les païs de la Suede amie,

Leur fait voir tout à perdre & rien à s'acquérir

Des vastes régions qu'il voulait conquérir.

Tout autre que le Czar aurait fui l'alliance

D'un peuple avec son roi si peu d'intelligence ;

Mais ce trouble lui fait voir la facilité

De

son serment & celui de tous les rois, qui est de revendiquer les droits & les démembremens de l'état. Cette réflexion m'a été suggérée par Mr. le comte de Dumbski, jeune seigneur polonais & staroste plein d'esprit & de mérite.

De conquérir pour foi ce païs contefté.

Tandis que fourdement tout s'apprête à la guerre,
Et qu'il fait augmenter fa milice étrangere,
Qu'il s'allie avec foin à deux rois fes voifins,
Il retient en refpect un refte de mutins.
Sa prudence voulait épargner leur fuplice
Croyant en faire un jour une utile milice.
Leurs efprits vacillans fe trouvent fufpendus,
Et dans l'incertitude inquiets, éperdus.
Ils craignent chaque inftant quelque nouvel orage;
Mais PIERRE, créateur auffi prudent que fage,
Les tourne-habilement vers leur propre bonheur,
Leur ôte de faux biens qui leur tenaient au cœur,
Les triftes préjugés, infpirés dès l'enfance,
Qui fur toute la vie étendent l'ignorance;
Et qui, bouchans les yeux fur les vrais intérêts,
Font même du plein jour de ténébreux fecrets.

Volant du haut des cieux l'ange de la Ruffie,
De PIERRE, foutenait l'entreprenant génie;
Il lui fait retrancher jufqu'aux moindres abus,
Tour-

Tourner les vices-même en dignes attributs;

Et les Ruffes, qu'il fait prendre à leur avantage,

Montrent qu'ils ont du ciel les beaux feux en partage.

Mais il faut d'un cahos débrouiller leur effort,

Et rendre tout vivant jufqu'aux traits de la mort.

　PIERRE, pour réuffir dans fes grandes réformes,

Regarde fes fujets fous différentes formes;

Confultant, la nature & tous fes mouvemens,

Il fait y conformer fes divers réglemens;

Et fon rare génie, agiffant & fuprême,

Au bonheur des fujets procede par fiftême.

Tel était, mais moins grand, Licurgue autrefois,

Au trop fier Spartiate il prefcrivit des loix;

Mais en le réformant il le rendit fauvage;

PIERRE fit au contraire un peuple heureux & fage.

　Prenant l'homme au berceau, le menant par la main,

Jufqu'au moment cruel qui finit fon deftin,

Il parcourt avec lui tous fes différens âges,

Confulte leurs befoins, leurs différens ufages;

Les vertus qu'il leur faut, leur force ou leurs talens,

Les

Les guide en pere, en roi, par cent beaux réglemens.
Avec les enfans même il gémit fur l'enfance,
Qu'on éleve avec foin dans la trifte ignorance,
Mere des préjugés & des vaines terreurs
Qui gâtent les efprits & flétriffent les cœurs.
Il fouhaite aux enfans des femmes raifonnables,
Dont l'efprit, fupérieur aux prodiges, aux fables,
Profite noblement de leur foumiffion
Pour graver dans leur cœur une religion:
Non un culte idolâtre & rempli de manege,
Où l'on nous fait du ciel un tableau facrilege,
Où l'on nous peint un Dieu fous d'ignobles couleurs,
Aimant l'ame rampante & damnant les grands cœurs.

    L'enfant, forti des bras de ces femmes pieufes,
Doit tomber dans des mains fages mais courageufes,
Qui, traçant fon chemin dans de brillans écrits,
Elevent vers le grand fon ame & fes efprits.
Ces efprits dirigés vers l'amour de la gloire
Gravent les grands auteurs dans leur jeune mémoire;
Et donnans aux favans leur admiration

G

Imi-

Imitent les héros dont ils font mention.

Le fujet arrivé dans une adolefcence,
Qu'éclaire & que foutient une mâle fcience,
Peut alors dans le monde examiner, choifir
Où l'état ou l'emploi qui lui peut convenir.
Alors auffi le roi, qui voit clair dans fon ame,
Pefe tous les degrés de la divine flamme,
Qui l'anime & le rend propre aux plus grands emplois,
Propre à juger le peuple, ou défendre les rois.

Suivant tous les degrés de la lumiere à l'ombre
PIERRE faifait fervir de zéros & de nombre
Ces hommes machinaux, ces êtres peu penfans,
Qui dorment éveillés, qui font morts en vivans.

PIERRE fe confolait voyant qu'en toutes terres
Le nombre des humains eft rempli de miferes;
Qu'un nombre fort petit penfe & fe rend heureux,
Pendant que le plus grand fe rend dur malheureux,
Formant dans tout païs l'égoût de la nature
Pour tourmenter l'honneur & chérir l'impofture;
Pour forcer même enfin le plus fublime cœur

A

A craindre de parler, à craindre sa noirceur.
Le Czar laissait traîner des momens insipides
A ceux qui se montraient ignorans ou timides;
Il les laissait tomber dans un affreux néant.
C'est ainsi que l'on vit l'aigle au regard perçant
Porter tous ses aiglons sur ses puissantes ailes,
Et tourner au soleil leurs ardentes prunelles;
Chérir ceux qui pouvaient soutenir ses rayons,
Abandonner au fort les timides aiglons.

    Le Russe consommé dans le train des affaires
Se voyait avancer de diverses manieres,
Il pouvait vers le grand tourner sa passion,
Le Czar pouvait remplir sa haute ambition.
L'un devenait un juge, intendant de province,
Et l'autre général, sénateur, ou bien prince.
C'est ainsi que le Czar débrouillait du cahos
Des utiles sujets & même des héros.

    Ce n'était pas assez il voulait en Russie
Adoucir les malheurs d'une mortelle vie;
Charmer de ses sujets l'ordinaire langueur

G 2

Chas=

Chasser de leur patrie une hypocondre humeur,
Qui ternit la beauté de leur génie aimable,
Emousse leur esprit d'ailleurs vif, agréable.
De la société les charmantes douceurs
N'occupaient point encor le vuide de leurs cœurs.
Au fond de son hôtel une Russe isolée
N'osait se faire voir dans aucune assemblée,
Et le Russe ignorait que ce sexe charmant
Par son ton séducteur, par un attrait puissant,
Travaillait à polir les peuples de la terre,
Qui cherchent à l'envi le bonheur de lui plaire.
Notre héros savait que la rivalité
Exerce les humains dans la société;
Et qu'une seule femme adroite, mais aimable,
Dans une compagnie anime l'agréable,
De dix hommes pourra remuer les esprits,
Encourager les cœurs, du beau les rendre épris.
Chacun de ces rivaux, & que la gloire irrite,
Dispute la victoire à force de mérite;
Chacun dans ses façons apporte un air galant,

S'étu-

S'étudie à briller se montrant bienfaisant;

Recherche des vertus la brillante parure,

Et jusqu'en ses habits veut orner la nature.

   C'est ainsi qu'un grand prince annoblit ses projets,

En les faisant servir au bonheur des sujets.

Le héros ne croit point abaisser sa sagesse,

En donnant des leçons de goût, de politesse;

Celui qui dessinait le grand & fameux plan

D'unir par un canal deux mers à l'océan,

A ses peuples traçait d'une main salutaire

Des habits plus brillans, & de plus l'art de plaire.

Il leur fit donc quitter leur trop lourd vêtement,

La barbe qui n'est plus dans l'homme un ornement,

Et qui même devient dégoûtante à la vue

Depuis que la nature a honte d'être nue,

Que cherchant l'élégant, le leste & l'apprêté,

De soi-même a frayeur dans la malpropreté.

   Le Russien pouvait anéantir sa femme;

Après avoir proscrit cette coutume infame

Notre empereur se fit l'ange heureux de l'hymen,

G 3

Avant lui les époux se prenans par la main,
Se juraient aux autels une ardeur éternelle,
Et sans en ressentir la plus faible étincelle,
Ne s'étant jamais vus, & ne s'aimans jamais
Que sur l'absurde foi de parens indiscrets ;
Parens qui consultaient le rang & l'opulence,
Non l'amour indigné contre cette alliance.
Delà tant de froideurs, delà tant de dégoûts,
Empoisonnaient les jours de nos jeunes époux.
Delà tant de débats & delà tant de larmes,
Qui les précipitaient dans d'affreuses allarmes.
L'injuste époux plus fort souvent en abusait,
Insultait & grondait, tonnait & menaçait ;
L'épouse non moins fiere & tout aussi peu sage,
Pleurait & fulminait, s'attirait un orage ;
L'épouse périssait plainte par les amours
Que les graces ornaient pour de plus heureux jours.
Trop heureux ces époux quand un indigne cloître
Terminant leur fureur l'empêchait de s'accroître,
Ne faisait pas servir le nuptial flambeau,

Pour

Pour éclairer de l'un le meurtre ou le tombeau.

PIERRE, qui déplorait ces ufages barbares,

Profcrivit les abus des Turcs & des Tartares,

Qui rendaient invifible un fexe trop charmant,

De la fociété le plus bel ornement,

Le héros voulut donc leur ouvrir le grand monde

En pere, en créateur d'une fource féconde

De plaifirs délicats, utiles aux deftins,

Qui veulent augmenter la race des humains.

Il fait que chaque fexe, animé l'un par l'autre,

Pour fe multiplier, n'a pas befoin d'apôtre;

A ce but glorieux il veut les ramener,

A fuir la folitude il veut les condamner;

En être fupérieur ordonne que les graces

Commandent aux plaifirs de mener fur leurs traces

Les timides beautés dans des cercles nombreux,

Qu'un trifte préjugé leur dépeint dangereux.

Mais bientôt y prenant une douce habitude,

D'y plaire avec fageffe elles font leur étude;

Dans chaque compagnie aiguifant leur efprit

Lais-

Laiſſent dans plus d'un cœur leur mérite en écrit.

Plus d'un aimable amant, entrepris de leurs charmes,

Et conduit par l'amour leur rend enfin les armes,

Leur jure avec raiſon au pied d'un ſaint autel

Un véritable amour, un hommage immortel.

     Après avoir ainſi de la belle nature

Rétabli tous les droits & banni l'impoſture,

Du triſte préjugé le funeſte venin,

La folle jalouſie au regard aſſaſſin,

PIERRE le créateur reconnut qu'en Ruſſie

Tout bientôt par ſes ſoins prendrait nouvelle vie;

Que l'amour s'animant au gré de ſes projets

Enfanterait pour lui des millions de ſujets.

Après avoir ſur-tout évité la faibleſſe

De croire & d'écouter la piété traîtreſſe

De ces moines cruels pour le gouvernement

Etoufans en eux-même & trop barbarement,

Une ſuite d'enfans, de ſujets néceſſaires,

Pour faire des ſoldats, pour cultiver leurs terres,

Pour peupler les cités, pour remplir les emplois,

Pour

Pour rendre plus puiffans & le prince & les loix.

Notre Czar qui voyait l'utilité des fiennes

Pour faire triompher les forces Ruffiennes,

Se crut avec courage affez bien affermi

Pour ofer attaquer un terrible ennemi ;

Le Suédois, dont l'œil plein d'audace & de gloire,

Avait vu conftamment obéir la victoire,

Du Ruffe méprifait les mœurs & les guerriers,

Croyant dans Mofcou même entaffer fes lauriers.

Les tems étaient changés, à force de combattre,

De fe voir terraffer, de lutter & fe battre,

PIERRE à qui fon grand cœur infpire un noble efpoir

Avait pour vaincre enfin tout fu faire & prévoir.

Tandis que de fon peuple il polit le génie,

Se rend digne rival d'une fiere ennemie,

Qu'il achete le fang des foldats étrangers

Et peuple fes états d'excellens officiers,

De fes propres fujets il fait des militaires,

Dont les cœurs aguerris dans la fuite des guerres,

Devaient bientôt après le faire triompher

G 5

Et

Et fur les mers enfin le faire dominer.

Mais que vois-je! arrêtez...quelle furprife extrême
Ce puiffant empereur était foldat lui-même.
Ce LEFORT genevois qu'il créa général
L'avait auffi créé de tambour caporal,
Et l'avait par degrés de foins & d'exercices
Reçu fimple officier dans fes propres milices.
Hélas! ce genevois, victime de la mort,
Malgré les pleurs du Czar vit terminer fon fort;
Et PIERRE, alors privé de ce bras fecourable,
Par un nouveau deffein à jamais admirable,
Pour mieux encourager les nobles & les grands.
Dans fes troupes voulut paffer par tous les rangs,
Donner l'exemple à tous par une obéiffance
Qui fouvent du foldat laffe la patience.
Il ne fe réfervait le droit d'être empereur,
Que pour mieux obéir & montrer fa valeur.
C'eft ainfi qu'autrefois le foudre de la guerre,
Céfar fervit d'abord en fimple volontaire,
Qu'à force de malheurs, de travaux, de hazards,

PIER-

PIERRE fe préparait les triomphes de Mars.

Mais comme, dans le cours des affaires humaines,

L'adreffe & la valeur feraient faibles & vaines,

Sans ce métail puiffant, que des avides mains

Vont au travers des mers ravir aux Mexiquains,

Le Czar qui fait que l'or eft le Dieu de la guerre,

Subit malgré fon cœur cette loi néceffaire,

Qui ravit fort fouvent, par des impôts fâcheux,

Leur plus folide bien & le plus précieux,

Mais par fes fages loix fes financiers avares

N'y pouvaient plus jamais tremper leurs mains barbares,

Ni fucer à longs traits en tygres affamés

Tout le plus pur du fang des fujets opprimés.

Le peuple avec tranfport fecourait fon grand prince,

Sachant ce que devait fournir chaque province,

Que leurs biens jufqu'au Czar coulans entiers & furs

Ne circuleraient plus dans des canaux impurs.

Comme on voit quelquefois une onde claire & pure,

Ornement des païs, tribut de la nature,

Dans un marais affreux fe perdre & s'épancher

Et

Et devenir nuifible au trifte paffager.

Pour fes fujets le Czar pénétré de tendreffe
Se trouvait opulent de leur propre richeffe.
Même par fes bienfaits devenu tout-puiffant,
En efprit créateur & toujours agiffant,
Il femble faire naître une flotte de l'onde ;
Formant un nouveau peuple il fait un nouveau monde :
Sur mon peuple, dit-il, mon défir foit rempli ;
Il ordonne, il agit, & tout fut accompli.

LA PETREADE

O U

PIERRE LE CREATEUR.

CHANT CINQUIEME.

Sous l'aile du héros tout paraiſſait tranquile,
Quand tout à coup le bruit d'une trompette agile
Des Ruſſes étonnés agite les états,
Met tout en mouvement, fait marcher aux combats.
Comme une vaſte mer qui reflue à la ronde,
Qui ſemble menacer de ſubmerger le monde,
PIERRE, qui ſe ſent grand, marche & veut engloutir
Des païs qu'un grand art doit ſeul lui conquérir.

Cent

Cent mille combattans n'aspirans qu'à la guerre,
Touchent d'un pié léger l'Estonique frontiere,
Enveloppent Nerva, saisissent ses abords,
Et contre ses remparts dirigent leurs efforts.

 Tandis que les Danois à qui l'art du mistere
Peut servir de puissance & talent militaire,
Par ruses en tout tems, quelquefois par combats,
Tourmentent le Holstein, l'inondent de soldats;
Contraignent la Suede à diviser sa force,
Tandis que des Saxons un électeur s'efforce
A subjuguer pour lui, non pour les Polonais,
Les bords de Livonie & de nouveaux sujets,
Cherche à s'y conquérir quelque nouvelles terres
Qu'il s'était proposé de rendre héréditaires,
Pour se donner aussi des ports & des vaisseaux,
Et fonder sa grandeur sur l'empire des flots;
Tandis que FREDERIC & le galant AUGUSTE
Marchent de leur côté pour une guerre injuste,
Mon héros, qui pour lui la croit juste en honneur,
Les fait servir tous deux à sa propre grandeur.

Il

Il attaque Nerva qu'il voit dans son partage,
Foudroye tous ses forts, les presse avec courage.
Mais que peut la valeur sans soldats aguerris
Sur les fiers Suédois par Bellone nourris,
Fils des Gots les vainqueurs des fils de la victoire,
De ces Romains fameux au temple de mémoire,
Pour avoir subjugué le reste des humains,
Et tous ces rois détruits par leurs vaillantes mains?
Depuis on vit souvent ces Gots si formidables
Faire aux champs du Dieu Mars des exploits incroyables,
Depuis on vit encor trois GUSTAVES guerriers
Y cueillir tour à tour les plus brillans lauriers.

Un jeune rejetton de cette auguste race
Se voyant attaquer s'élance sur leur trace;
Et quittant à la fois ses plaisirs les plus doux,
Puise un courage altier dans le feu du courroux.
L'ange de la Suede accourant de Russie
Déclare à CHARLES douze une ligue ennemie,
Et lui dit que Danois, Polonais, Russiens,
Par un traité secret ont uni leurs destins.

Que

Que déjà leurs soldats, les bras de leur puissance,
Dans ses païs lointains vont avec arrogance
Ravager ses vasseaux, assiéger ses forts,
Braver ses jeunes ans par leurs puissans efforts.
,, Non je ne suis plus jeune, & je commence à vivre,
,, O mes ayeux ! dit-il : héros que je veux suivre;
,, Une haute vengeance a pour moi trop d'appas,
,, Mes ennemis ou moi périront fous ses pas.
,, Ecoutez conseillers, vous braves militaires,
,, Ce glaive étincellant, toujours nud dans mes guerres,
,, Ne reposera point qu'il n'ait fait succomber
,, Ces peuples orgueilleux qui veulent m'attaquer.
,, Tout entier aux combats, roi monarque suprême,
,, Pour vaincre je ferai ennemi de moi-même.
Il dit; & dès l'instant on le vit en effet
Devenir du Dieu Mars le terrible sujet;
Ou vouloir bien plutôt croire en être le maître;
Maîtrisant les destins & même son propre être;
Insensible aux plaisirs, conduit par son démon,
Le desir de la gloire absorbe sa raison.

Un

Un fanatifme ardent, foit en paix, foit en guerres,

L'occupe inceffamment de terribles mifteres.

Son efprit eft actif, hautain, tenace en tout,

Il croit pouffer la gloire & le ciel même à bout.

CHARLES fe transformant évite tous les charmes;

Son efprit échauffé n'en voit que dans les armes;

Et défiant enfin la nature & le fort

Des plus rudes travaux fon corps foutient l'effort.

On le voit ce guerrier devançant les années

Par fon heureux inftinct gouverner fes armées,

Et laiffant les Danois, déjà vaincus, domptés,

S'avancer contre PIERRE à pas précipités;

Ne fe montrer d'abord un héros redoutable

Par des faits inouis prefqu'un être incroyable;

N'accumuler enfin victoires & grandeurs

Que pour rendre le Czar le plus grand des vainqueurs.

   Des Ruffes cependant le pénétrant génie

Prévoyait que d'abord les troupes de Ruffie

Vont fe voir abîmer fous un orage affreux,

Que PIERRE toujours grand va fe voir malheureux.

H

Ce

Ce génie voulant exciter son courage
De son camp, où bientôt l'audace & le carnage,
Faisant voler la mort, détruiront ses guerriers,
Le tire adroitement de ces lieux meurtriers,
Et lui parle en ces mots : „ Ton ennemi s'avance;
„ Il faut à la valeur joindre de la prudence.
„ Contre ces Suédois aux combats exercés
„ Que peuvent tes soldats nouvellement dressés?
„ Le grand nombre jamais ne donna la victoire,
„ Les meilleurs combattans obtiennent cette gloire.
„ Le grand CONDÉ, TURENNE, avec peu de soldats,
„ Contre un bien plus grand nombre ont signalé leurs bras.
„ CHARLES impétueux, & qui leur porte envie,
„ Qui pour les imiter sacrifirait sa vie,
„ Ne craindra point suivi d'un petit corps guerrier
„ De venir attaquer tout ce grand monde entier.
„ A sa bouillante ardeur opposez quelque ruse;
„ Tandis que loin du camp CHÉRÉMÉTOFF l'amuse;
„ L'arrête habilement à chaque défilé,
„ Court vîtez au secours de Plescou désolé.

„ Ses soldats ont perdu leur divine oriflamme,

„ Cet étendart sacré qui rassurait leur ame,

„ Par qui depuis longtems la superstition

„ Promet de grand succès à notre nation.

„ Allez & rassemblez ces troupes fugitives,

„ Allez, ramenez-les sur ces tremblantes rives,

„ Votre présence vaut les meilleurs étendarts;

„ Revenez avec eux au pied de ces remparts,

„ Tromper le Suédois par des marches guerrieres,

„ Et mettre entre deux feux ses soldats téméraires.

„ Alors de tous côtés trouvant à le presser,

„ Par le nombre on pourra le vaincre & l'écraser.

PIERRE frappé d'abord de cette heureuse idée,

Que le génie inspire à son ame agitée,

Abandonne son camp, ou plutôt ses enfans,

Pour tirer d'autres fils de pas embarrassans.

Mais tandis qu'il soumet son cœur & la nature,

Le ciel en l'éprouvant par une loi trop dure

Souffre que l'ennemi subjugue ses soldats,

Qu'ils soient devant Nerva vaincus en deux combats.

CHE-

CHEREMETOFF, guerrier auffi prudent que brave,
Depuis des Suédois la plus terrible entrave,
Pofté dans des terreins habilement choifis,
Croit pouvoir arrêter fes bouillans ennemis.
Que peut d'un général la haute expérience,
Quand il a des foldats dont la trifte ignorance
Croit que les Suédois, braves, humains guerriers,
En méprifant la mort étaient d'affreux forciers.
PIERRE fut dans la fuite effacer cette idée,
Mais pour CHEREMETOFF affez tard effacée,
Puisqu'il ne put couvrir le fiege de Nerva;
Puifque malgré fes foins tout fuit, & fe fauva.
CHEREMETOFF, fameux au temple de mémoire,
Vous n'avez rien à craindre ici pour votre gloire;
Vos foldats veulent fuir, & vous les arrêtez.
Vous leurs parez les coups, pour eux vous combattez!
L'ame de PIERRE anime en vous le cœur, l'audace,
Des foldats protégés la fugitive trace;
Couvrez-les, s'il fe peut avec tout votre corps,
Et préparez au camp de plus puiffans efforts.

Dans

Dans les retranchemens cette troupe allarmée
Vient porter la frayeur à leur nombreuse armée.
DE CROI le général, officier allemand,
Pour pouvoir résister met tout en mouvement.
D'un jeune audacieux il craint l'ardeur fougueuse,
Il compte avec effroi sa troupe peu nombreuse;
Plus il la voit petite & plus avec terreur
Il redoute de Mars les tours & la fureur.

En tête de sa troupe avec sa confiance,
CHARLES invoque Dieu, vers les Russes s'avance;
Un fort retranchement aurait dû l'arrêter,
Donner aux Russiens le tems de résister.
L'ange de la Suede, ou plutôt de la guerre,
Joignant à la valeur la ruse militaire;
Flottant avec plaisir parmi les étendarts,
Et des Russes voyant les dangereux remparts,
Voulut aux Suédois ménager la victoire,
Sans rien diminuer de leur plus chére gloire.
Le soleil éloigné laissait venir l'hiver;
A la voix du génie accourt un vent pervers,

H 3

Au

Au dos des Suédois assemble les nuages,
Et soufle aux Russiens la neige & les orages.
Ces novices soldats, ces guerriers malheureux,
Pour défendre l'approche ont à peine des yeux.
Lors vingt bouches d'airain qu'aucun effort n'arrête,
Vomissant à la fois la foudre & la tempête,
Renversent dans l'instant leurs remparts étonnés;
Ouvrent plusieurs chemins à ces Gots acharnés.

Ces peuples aguerris qu'aucun danger n'effraye
Dans un cruel assaut, que le trépas leur fraye,
Pénétrent tous les rangs des Russes peu serrés,
Qui combattent toujours quoiqu'ils soient séparés:
Trop faible impulsion d'une masse ébranlée,
A quoi sert en effet la valeur mal réglée?
Les petits bataillons des Suédois pressés
Poussaient d'un pas vainqueur les Russes dispersés,
Et bientôt poursuivans cette armée effrayante
Par le grand art de Mars la rendent impuissante.
Ce grand art inconnu des braves Russiens
Dérouta leurs efforts & leurs pas incertains.

L'enne-

L'ennemi dos à dos se divise en cent groupes,

Tâche de prendre en flanc leurs inquietes troupes,

Toujours uni, serré, combat & perce tout;

Des Russiens gênés met la valeur à bout.

CHARLES parait, voltige & se montre à la tête;

A la droite sur-tout, son courage l'entête,

Il croit y rencontrer le plus digne ennemi,

Un ennemi héros, PIERRE, plus grand que lui.

Mais il était loin d'eux.....Cette funeste absence

Des Russes emportait toute la confiance.

Contr'eux tout combattait dans ces momens affreux;

Et tout jusqu'à leur nombre était fatal pour eux.

Sans aucun mouvement, comme une lourde masse,

Des bataillons entiers périssaient sur la place,

Ne pouvans éluder l'extrême agilité

Du Suédois qui fonce avec vivacité;

Qui peut légérement choisir son avantage,

Et frapper dans l'endroit où marche son courage,

Tandis que notre Russe immobile & gêné

Sans se pouvoir défendre est comme assassiné.

H 4

Pri-

Privé du libre jeu du maniement des armes,

Sa valeur cede enfin aux cruelles allarmes

Qu'inspire aux plus grands cœurs un odieux trépas,

Que l'on voit mieux venir quand on ne combat pas.

    Cependant cette mort volant de file en file,

(Qui le croira jamais ?) est un secours utile

Pour le Russe plus libre en ses rangs éclaircis,

Et pour son officier plus actif, plus décis.

Le combat recommence en se mettant au large,

Au bruit des instrumens on se pousse, on se charge.

De Croï, Dolgorouki, Golofkin, généraux,

Rallient leurs guerriers; défendent leurs drapaux;

On ordonne; on avance; on voit le fer qui brille;

A travers la fumée un feu cruel pétille;

Le plomb, trait de la mort, accompagne l'éclair,

Frappe, terrasse, abbat & fait retentir l'air.

Enfin on se rapproche, on se range, on se presse;

A forcer l'ennemi chaque côté s'empresse;

Plusieurs différens corps combattent mains à mains;

Par-tout tombent des coups rapides & certains;

Le

Le démon de la guerre a répandu fes charmes,
Et l'on ne connaît plus de pitié, ni d'allarmes;
On foule fans horreur les morts & les mourans,
Qui dans ce jour cruel s'entaffent rangs fur rangs.

C'eft ainfi que l'on voit dans les déferts d'Afrique,
Les tygres réunis en corps de république;
Des rois des animaux rivaux ambitieux,
Attaquer fiérement les lions furieux;
On les voit tour à tour déployer leur courage,
Pour défendre leur proye employer trop de rage.
Vous guerriers! Admirez ce trop cruel portrait,
Il vous reffemble hélas! grands héros trait pour trait.

Les actifs généraux des deux troupes guerrieres
Renouvellent déjà leurs charges meurtrieres,
Déjà le Ruffien animant fa valeur,
Efpérait de pouvoir repouffer le vainqueur.
Mais il n'était plus tems; la moitié de l'armée
Qui pouvait vaincre encor eft bientôt abîmée,
Etant battue en flanc par fes propres canons,
Et qui cruellement rompaient fes bataillons.

H 5

Il

Il fallut fuccomber ne pouvant fe défendre,

Sur un pont fubmergé fe noyer ou fe rendre.

D'un fi cruel revers témoins filentieux !

Cieux ! vous abandonniez ces humains malheureux.

    Dans cette extrémité tous mettent bas les armes,

Plufieurs cœurs courageux en verferent des lames.

Mais ainfi que le refte il faut fubir la loi,

Le foldat, l'officier & jufques à DE CROI;

DE CROI leur général qui cherchait la victoire,

Qui devait du héros faire tonner la gloire,

Qui devait plutôt rompre & ne jamais plier,

S'abîmer fous le joug & non pas le baifer,

Plutôt que l'efclavage affronter la mort même:

Il eft tant de moyens pour ce remede extrême !

    Ce peuple de captifs, outre les officiers,

Renfermait dans fon fein d'illuftres prifonniers.

On en vit un fur-tout, exemple mémorable

Des révolutions du fort inexorable !

Ce fort, qui pourfuivit jufqu'aux derniers STUARTS,

Du trône de Georgie avait chaffé fes Czars

Et

Et leur avait fait fuir l'appui de la Turquie,

Pour leur faire chercher celui de la Ruffie.

MITELLESKI, ce Czar que nous appellons roi,

Fuyant les Georgiens qui rejettaient fa loi,

Auprès de notre PIERRE oubliant fa province

Régnant fur fa famille, eft encor un grand prince.

Le jeune CZARASIS, l'ainé de fes enfans,

Sa confolation, l'efpoir de fes vieux ans,

Devait bientôt s'unir avec fa tendre amante,

Princeffe douce, aimable & beauté trop touchante,

Pour ne pas captiver le plus digne des cœurs,

Et pour n'en pas bannir l'amour des vains honneurs;

Se croyant plus qu'aucun des princes de la terre

Etre en droit de régner fur une ame fi chere.

Mais de fon protecteur qui marchait aux combats

Il veut en brave prince accompagner les pas;

Et ce tendre Artfchelou, combattant pour la gloire,

Devient pour le vainqueur le prix de la victoire;

Prifonnier arraché de l'objet de fes vœux

En Suede il finit fes jours trop malheureux.

O

O jufte ciel! voyant tant d'horreur, de mifere,
Confeffe pour ta gloire, & n'en fais pas miftère,
Que tu te mêles peu des chofes d'ici-bas;
Mais comment nos malheurs ne te toucheraient pas?
CHARLES ce fier vainqueur, & né pour les allarmés,
Voyant le CZARASIS fut touché jufqu'aux larmes.

„ Hélas! s'écria-t-il; pour ce prince quel fort!
„ Né roi vers le Caucafe il va captif au Nord.
„ C'eft comme fi j'étais prifonnier en Crimée.
Oh coup du fort! ce roi prédit fa deftinée,
De fa gloire au malheur l'affreux enchaînement.
Etait-ce par hazard, ou par preffentiment?
Peut-être fentait-il, qu'un héros tel que PIERRE,
Pourrait faire tomber fa puiffance en pouffiere;
Que le héros du Nord trouverait un vainqueur
Dans celui qui fût être un grand réformateur?

    CHARLES fit cependant ouvrir un fûr paffage
Aux Ruffes qui venaient d'éprouver fon courage.
Ce vainqueur fut agir en habile guerrier;
Renvoyant le foldat il retint l'officier.

La

La noblesse, par-tout plus riche & plus savante,
Pour mieux servir l'état est toujours plus puissante;
Du trône & de la guerre est la force & l'honneur,
Quand ce trône sait bien employer son grand cœur.
CHARLES qui le savait retint cette noblesse,
Et le Czar lui donnant des larmes de tendresse,
La plaignit & voulut du-moins la remplacer
Par ceux qu'il prévoyait pouvoir se signaler.
Parmi ces serviteurs, fortunés militaires,
MENZIKOFF courtisan, courageux dans les guerres,
Favori fort adroit, tout à coup s'avançant,
Fut bientôt annobli, bientôt prince important.

    Le Czar, qui du vainqueur égala le courage,
Mais dont la politique était beaucoup plus sage;
,, Qui disait : je le sais, le Suédois vaincra,
,, Le Suédois souvent de nous triomphera;
,, Mais je sens en mon cœur qu'à force de nous battre
,, Il doit aussi m'apprendre à le vaincre & l'abbattre.
Ce PIERRE sans pâlir apprit qu'un cruel sort
Avait fait triompher le faible du plus fort;

Qu'une

Qu'une vaine terreur saisissant son armée
L'avait fait succomber, & l'avait dispersée,
Et que les Suédois, vainqueurs audacieux,
Paraissaient plus que lui favorisés des cieux.

C'est ainsi que du ciel la puissance suprême
Eprouve si le Czar est digne de lui-même,
Et si sans son secours par sa propre vertu
Il fait voir son malheur sans en être abbatu.
Aussi vit-on dans PIERRE un homme inébranlable,
Un héros sans armée, en lui seul indomptable.

Avec cent bataillons il venait au secours,
Voulant pour tout sauver sacrifier ses jours.
Il y hâtait ses pas....... Du haut de l'empirée
Un tourbillon apporte une nue enflammée,
Qui s'ouvre & qui présente un esprit glorieux.....
Il enchante les cœurs, il éblouit les yeux.
Le Czar fait l'admirer pendant que sa lumiere
Offusque des soldats la timide paupiere.
„ Que voulez-vous ? dit PIERRE avec sa fermeté ;
„ Combattrez-vous pour ceux qui me croyent dompté?
                                    „ Pour-

„ Pourquoi m'arrêtez-vous trop fier & grand génie ?

„ Les cieux ordonnent-ils une honteufe vie ?

„ Quel intérêt les cieux ont-ils d'humilier

„ Les grands cœurs qui fur terre ont peine à fe plier ?

„ Grand & fublime effort de ces hauts cieux fuprêmes

„ De venir accabler l'homme de maux extrêmes,

„ Et même l'empêcher de jouir de l'honneur

„ D'aimer le vrai, le grand, enfin d'avoir un cœur.

„ Qu'on me laiffe périr ; mon ame hors de la terre

„ Pourra bien comme vous poff`éder la lumiere ;

„ Mais n'emploira jamais la fuperftition

„ Pour dompter les humains par quelque vifion.

„ Il fallait qu'à mon tour je marche à la victoire.

„ Pourquoi retardez-vous ou ma mort ou ma gloire ?

Oui je veux empêcher une inutile mort,

Dit l'efprit lumineux qui veillait à fon fort.

Oui, les plus hauts deftins veulent te faire vivre,

Le grand-homme toujours eft foumis à les fuivre.

Leurs éternels décrets ont compté tous fes jours,

Et toute fa valeur n'en peut rompre le cours.

„ Tes

„ Tes foldats font vaincus, & pendant ton abfence;

„ Il te fera plus beau de vaincre en ta préfence.

Oui, fois donc même encor plus fier que ton vainqueur;

C'eft dans l'adverfité que s'éprouve un grand cœur.

Et pour te faire voir que dans le malheur même

Les grands peuvent briller d'une gloire fuprême,

Je te fuis apparu fous des traits lumineux,

Moi qui toujours avant me cachais à tes yeux.

Comme efprit fupérieur qui régis la Ruffie

J'ai pu des Suédois combattre le génie;

Mais l'arrêt des deftins eft contraire aujourd'hui,

Te deftinant l'honneur d'être un jour leur appui.

Il faudra donc attendre un tems plus favorable;

Dans ce monde jamais rien n'eft fûr, immuable:

Ainfi que d'heureux tems on tire fon malheur,

Dans les plus grands revers on puife fon bonheur.

CHARLES victorieux a trop de confiance,

Et devenant héros a trop peu de prudence;

PIERRE dans fes foldats malheureux & vaincu,

A travers l'infortune exerçant la vertu,

En

En renvoyant au tems le parti le plus sage,
Doit former ses soldats, animer leur courage,
Et préparant de loin des foudres, des éclairs,
Vaincra les Suédois, surprendra l'univers.
Enfin, pour te couvrir d'une plus grande gloire,
Le ciel te laisse seul te devoir la victoire.
Tu n'auras pas besoin qu'un écrivain pompeux
Appelle à ton secours un esprit des hauts cieux;
Que pour te rendre grand par des moyens étranges
Il fasse ouvrir les cieux & combattre les anges.
On affaiblit l'honneur du plus digne héros,
Le faisant réussir par de divins complots.
Je te dévoilerai tous nos plus grands misteres;
Mais pour combattre, agir, ce seront tes affaires.
Sois donc grand par toi-même, & grand réformateur,
Les destins te diront d'être aussi créateur.

Le génie a parlé: s'élevant de la terre
Il entraîne après lui des torrens de lumiere.
Et parcourant les airs avec rapidité
L'œil de loin ne croit voir que de la majesté.

I

Ai=

Ainsi qu'une comete à queue flamboyante,
Qui pour le simple peuple est toujours effrayante,
Fait pour l'homme qui pense un spectacle charmant;
De même pour le Czar il n'est rien d'étonnant
Dans l'apparition de cet esprit céleste:
Il en bénit le ciel, se tranquillise au reste.

PIERRE vient à Moscou cherchant à le calmer,
En lui montrant un cœur qu'on ne peut étonner.
Il chasse à son abord les mortelles allarmes,
Et sa présence vaut de triomphantes armes,
Fait oublier le fort des malheureux guerriers,
Et fait pour l'avenir espérer des lauriers.
Exerçant ses soldats, rehaussant leur courage,
De la victoire enfin se donnant comme un gage;
Le Russe qui le voit si grand dans le malheur,
N'en augure pour soi que gloire & que bonheur.

L A

LA PETREADE

O U

PIERRE LE CREATEUR.

CHANT SIXIEME.

Tandis que mille foins, comme une vive flamme,
Dévorent mon héros dans le fond de fon ame,
Qu'il penfe à fe créer quelque chofe de rien,
Qu'il veut même tourner tous les malheurs en bien;
Le ciel tournait auffi, ramenant toutes chofes,
L'épine des chagrins & des plaifirs les rofes,
Après la paix aimable un meurtrier procès,
Après de grands revers de glorieux fuccès.

I 2

Que

Que ferait l'homme faible en ce monde pénible
S'il n'y trouvait jamais quelque moment paifible?
La nuit nous la procure, & laiffe refpirer
Un grand cœur que fans elle ont verrait fuccomber.
 „ Venez fur mon héros, dit l'illuftre génie,
 ‚, Qui veillait au falut de l'heureufe Ruffie,
 „ Le deftin vous l'ordonne: O bienfaifante nuit!
 „ Chaffez loin ce foleil qui trop longtems reluit.
 ‚, Prenez dans votre fein fa grande ame agitée;
 „ Apportez les pavots du tranquille morphée;
 „ Calmez fes fens trop vifs & fes nobles ardeurs,
 ‚, Le ciel fit les pavots pour tempérer les cœurs.
 A l'invitation de cette Intelligence
La complaifante nuit fort des flots & s'avance.
Son ample voile noir, & parfemé de feux,
Enveloppe la terre & s'étend jufqu'aux cieux.
Leur fombre profondeur, leur augufte filence,
Etonne les efprits de tout homme qui penfe;
Il n'ofe regarder, fi ce n'eft qu'en tremblant,
Ce fpectacle admirable & toujours accablant.

Mal-

Malgré ſes ſoins divers PIERRE toujours lui-même

Admirait en ſecret cette diſtance extrême,

Qui dans deux petits points,& tels que ſont nos yeux,

Raſſemble les grands corps qui roulent dans les cieux.

PIERRE les obſervant d'une attentive vue,

Son eſprit parcourait leur immenſe étendue,

Paſſait de l'un à l'autre, & ſes réflexions

Le menaient de la terre à d'autres régions.

Pour notre petit globe il ſe ſentait trop d'ame,

Il en fallait pluſieurs à ſa divine flamme.

Il volait dans les cieux..... Le ſommeil y conduit

L'ame de mon héros, qu'il ſurprend & ſéduit.

Son eſprit dégagé des ſens par le génie,

Et prenant ſon eſſor de la terreſtre vie,

Parcoure les hauts lieux des ſéjours éternels,

Où l'on voit du deſtin les décrets immortels;

Ainſi qu'en un miroir, auſſi brillant qu'immenſe,

Tout ce qui vit s'y peint, & même ce qu'il penſe;

Le paſſé, l'avenir, tout s'y lit dans ſon rang,

Avec ordre on y voit chaque être différent,

I 3

Leur

LA PETREADE,

Leur moment ou leur lieu, l'infamie ou leur gloire,

Du fage le repos, du héros la victoire.

On y diftingue enfin tout un peuple de rois,

Et les foules d'humains qui fubirent leurs loix.

Ainfi qu'en ces bas lieux chacun eft dans fa place,

Qu'il fe pouffe l'un l'autre & que tout fe remplace,

Qu'il change cependant & d'afpects & de lieux

A mefure qu'il tourne avec les premiers cieux ;

Et comme on voit au ciel, obfervé par les fages,

Des Aftres de tout rang les brillans affemblages

Conferver tous entr'eux le même éloignement

Et la même figure en leur arrangement,

Mais fe montrer plus loin ou plus près de la terre ;

Et fembler s'engloutir dans notre baffe fphere ;

De même auffi l'on voit tous les êtres divers

Tendre à fe replonger dans ce bas univers,

Pour y remplir au bout de mille & mille années

Le fort qu'ont préparé les hautes deftinées,

Et pour paffer fans fin alternativement

Des mondes d'ici-bas à ceux du firmament.

PIER-

PIERRE, que conduifait l'ange de la Ruffie,

Parcourt en un inftant l'étendue infinie,

Et fe voit au milieu du cercle des deftins,

Où tout furprend, ravit fes regards incertains.

Il cherche fans effroi dans l'immenfe étendue,

Ce cahos infernal où l'ame defcendue

Se fent par mille feux enchaîner à jamais

Pour expier ainfi de paffagers forfaits.

Il voudrait écouter l'effrayante harmonie

Des êtres gémiffans d'avoir reçu la vie.

Il ne voit ces horreurs que dans les fictions

De mille anciens devins de cent religions.

Pour mieux faire valoir une morale fage,

Du poëte autrefois le fublime langage

Effrayait les efprits du peuple corrompu,

Et le forçait au moins d'admirer la vertu.

Notre Czar voit par-tout un enfer pour le vice,

Qui dans tout l'univers vole avec fon fuplice.

PIERRE cherchait auffi ces hauts cieux enchantés

Dont le poëte adroit dépeint les voluptés,

La touchante harmonie & la joye animée,
Comme si dès la terre il l'avait éprouvée.
Il voulait approcher de ce divin rempart,
Croyant qu'il renfermait les bienheureux à part.
Mais quelle fut du Czar la surprise & la joye!
Autour de lui le ciel s'étend & se déploye.
Il cherchait ce séjour où la Divinité
Remplit les purs esprits de sa félicité,
Et lui-même il se voit au milieu de ces ames
Qui renvoyent à Dieu leurs amoureuses flammes.
Lui-même dans l'instant il brille de leurs feux,
Il sent par-tout un Dieu, par-tout il voit les cieux.
Il voit d'un seul coup d'œil, comme dans un seul temple,
Tout l'immense univers & son Dieu tout ensemble.
Nul mistere cruel n'offusque son esprit;
Le secret de chaque être est en lui comme écrit.
Il voit ce qu'il était, ce qu'il est, ce qu'il pense,
Quelle doit être un jour sa nouvelle existance.

 Le Czar admire aussi tous ces héros fameux
Qui firent de la terre un théâtre pompeux

Qui

Qui fouvent s'écroulant fous le poids de leur gloire,

Ne laiffait que leurs noms aux faftes de l'hiftoire.

Mon fils, dit le génie au chef des Ruffiens,

Tous ces rois, ces guerriers tant modernes qu'anciens,

Sont, il eft vrai, comblés de gloire & de lumiere,

Mais ce n'eft point le prix de leur humeur guerriere;

Elle aurait bien plutôt préparé leur malheur,

Si les vertus n'avaient tempéré leur valeur.

Ce Ninus qui fonda Ninive & Babilone,

Qui le premier apprit à porter la courone,

Eft glorieux ici dans l'ordre des deftins,

Parce que fa vertu fervit à leurs defleins.

Ofiris ce héros, qui des bords de l'Egypte

Porta fes pas vainqueurs par-delà le Granite,

Ne brille pas ici par tous fes grands exploits,

Mais pour les dons du cœur qui forment les bons rois.

Cadmus parait ici dans la fuprême gloire;

Il fut écrit fur terre au temple de mémoire

Avec ces lettres même & cet art précieux,

Qu'il fut apprendre aux Grecs par lui dès lors heureux.

Votre héros Codrus, qui put d'un vain miftere
Rendre à tous fes fujets la fable falutaire,
Voulut mourir pour eux; il triomphe aujourd'hui,
Et fes fujets au ciel ne brillent que par lui.
Cyrus fit le bonheur du plus puiffant empire,
Tant qu'il ne fuivit point fon martial délire;
Mais des Scythes le fer abrégea fes fureurs,
Et leur reine à fa place enchante tous les cœurs.

Regardez ce grand-homme, & tout brillant de gloire
Il ne l'a jamais due aux loix de la victoire;
Affuerus longue-main, des peuples le tréfor,
Sut ramener pour eux le premier âge d'or,
Et banniffait le fer du cruel dieu des guerres,
Leur faifait ignorer fes funeftes miferes:
Les rois les plus guerriers n'étaient que fes amis,
Redoutans d'offenfer le trône de Thémis.

D'un des coins de la Grece Alexandre au contraire
Voulant comme un torrent inonder toute terre,
Ne brille point ici parmi tous ces guerriers;
Nulles vertus n'ornaient fes trop fanglans lauriers.

Sa

Sa vafte ambition animant fes largeffes
Donnait tout pour avoir de plus grandes richeffes.
Pour fa propre fortune il était généreux,
Et ce foi-difant dieu fit trop de malheureux.
Cher monarque tu vois ici fa feule place,
Les deftins condamnans ce roi trop plein d'audace
A fubir à fon tour un cahos de malheurs
Sur la terre où jadis triomphaient fes fureurs.....
Mais j'attends le moment d'en dire davantage;
Que fon exemple, ô Czar! modere ton courage.
Crains qu'un jour chez les Turcs il n'aille t'emporter...
Remarque ce héros; il le faut imiter.
Ce premier Ptolomée auffi brave qu'affable,
Attaqué par le fer d'un rival intraitable,
Le vainquit noblement à force de vertu,
Lui préfentant la paix après l'avoir vaincu.

En finiffant ces mots, comme un trait de lumiere,
Au travers des hauts cieux l'efprit entraîna PIERRE.
,, Mais qui font, dit le Czar, ces rois fans ornemens,
,, Qui femblent commander à tous les élémens?

,, Un

„ Un feu clair rejaillit de toute leur perſonne,
„ Plus que dans mille rois il éclaire & rayonne.
„ Tout ce groupe d'eſprits, courtiſans glorieux,
„ Leur parait même offrir de plus ſinceres vœux.
Ces grands-hommes, dit l'ange, apprens à les connaître,
Ne furent point des rois, ils méritaient de l'étre.
Il tenaient du deſtin la haute miſſion
D'inſtruire tous les rois & chaque nation.
Philoſophes remplis d'une divine flamme,
Le ciel toujours clément voulut former leur ame,
Pour éclairer l'eſprit des malheureux mortels,
Et leur faire entrevoir les ſecrets éternels.
A peine on écoutait ces génies ſublimes,
Qui du vice ſouvent devenaient les victimes.
Aujourd'hui dans la gloire ils ſont comme adorés
Par les mêmes humains qui les ont déchirés.
Etant mort ſous les coups d'une injuſte cabale,
Socrate dans les cieux voit bénir ſa morale.
Tu vois Solon, Thalès, Démocrite & Platon
Les modernes ſavans, Deſcartes & Newton.

Mais

Mais remarque fur-tout le divin Pythagore,
Que l'on décrie à Rome & qu'ailleurs on adore ;
Un tems viendra peut-être où fon fyftême heureux
Inftruira les humains, leur ouvrira les yeux.

    Apprenez donc, ô rois ! qui gouvernez la terre,
A chérir les favans dont l'efprit vous éclaire.
Contre les préjugés protégez les auteurs,
Ils chaffent l'ignorance & toutes fes noirceurs.

    Voici ces fiers Romains qui brillerent dans Rome,
Qui paraiffaient avoir quelque chofe plus qu'homme.
Mais ces fameux Romains & ces guerriers fi grands
Ne font vus dans les cieux que comme des tyrans,
Des monftres furieux, ennemis de la terre,
Que leur gloire remplit d'une longue mifere.
Diftinguons-en pourtant Camille & Scipion,
Et qui devaient fauver toute autre nation.
Mais enfin ces brigands, ennemis entr'eux-mêmes,
Se livrans l'un par l'autre à des malheurs extrêmes,
Se virent tour à tour accablés par les fers,
Que ces cruels vainqueurs donnaient à l'univers.

Ma-

Marius & Silla, César vengeans le monde,
Font à leur république une playe profonde,
Dont depuis les Romains, deftinés,.. à fervir,
Languiffans triftement n'ont jamais..... pu guérir,
　Sur les vaftes débris de leur odieux trône
Mille chefs différens élevent leur couronne,
S'élevans au-deffus des lâches fouverains
Qui reçurent des loix des fuperbes Romains.
Regarde tous ces rois, ce vil peuple de princes;
Efclaves des Romains, tyrans de leurs provinces;
Ici d'aucun éclat ils ne frappent nos yeux,
Tandis que nous voyons rayonner dans les cieux
Ces héros qui vengeans votre nature humaine
Du joug dont l'écrafait la nation Romaine,
Qui de la liberté revendiquans les droits
Voulaient rendre leur peuple à fes anciennes loix.
Mithridate aima mieux facrifier fa vie
Que de voir les Romains affervir fa patrie.
Sur la terre fon nom eft encor moins fameux
Qu'il ne fe trouve au ciel illuftre & glorieux.

Tan-

Tandis qu'on voit ramper fur fa brillante trace
Ses fils ou fes parens indignes de fa race.
Ces vils amis de Rome, efclaves couronnés,
Et jufques dans les cieux d'affronts environnés.

Mithridate, dit PIERRE à fon heureux génie,
Goûte des purs plaifirs la douceur infinie ;
Lui que l'on accufa de trop de cruauté ;
Le ciel me permet donc de la févérité ?
Non, non, répondit-il : jamais l'humeur févere
Ne fera cruauté quand elle eft néceffaire.
Comme toi Mithridate ufait de châtimens
Pour des traîtres amis, & pour d'ingrats enfans.
Et toi Czar tu pourras abolir les fuplices
Qu'exigeaient des méchans les noires injuftices.
On eft fouvent cruel quand on eft trop clément ;
L'impunité fournit des armes au méchant.
On ne peut réformer les odieux ufages
D'un peuple qui les croit auffi facrés que fages,
Sans abbattre la tête ou fans lier les mains
Du méchant qui s'oppofe à d'utiles deffeins.

Pour

Pour enter de bons fruits fur des arbres fauvages,
Il faut abbatre auffi d'inutils branchages,
Et le fer à la main il faut vous attacher
A chercher le mauvais, le lier ou trancher.
Dès que l'on a tari des maux la fource impure,
Il ne faut plus qu'aider votre humaine nature.
En attendant ce tems, du trône les beaux jours,
Pour le bien des fujets que juftice ait fon cours ;
Sans doute un jour ton fang héritant ta puiffance
Sur les Ruffes pourra régner avec clémence.

Qu'ai-je vu ! dit le Czar ; Spartacus aux honneurs
Eft monté fous l'habit des vils gladiateurs.
Oui, mon fils, répondit fon ange tutélaire,
Plus que d'autres héros ce guerrier doit te plaire ;
Et même plus qu'eux tous, cet efprit tout divin
Avait droit de prétendre aux graces du deftin.
Il voulait abolir la coutume inhumaine,
Qui régnait autrefois fur la fcene Romaine,
Et qu'on vit de nos jours réjouir Albion,
Où de l'ange l'anglais fe croit un rejetton.

Spar-

Spartacus gémissait de ce que la nature
Voyait tranquillement l'humaine créature
Violer sans respect ses plus certaines loix ;
Les hommes s'égorger par plaisir & par choix ,
Pour suivre l'ordre affreux d'un riche tyrannique
Arroser de leur sang une fête publique.
Le héros que tu vois pensant plus dignement ,
Punissant des mutins, périt plus noblement.

  PIERRE alors s'écria : quelle gloire pompeuse
Pour ces rois qui n'avaient qu'une ame belliqueuse !
Attila, Genseric, & tous ces rois Lombards,
Par qui Rome sanglante a perdu ses remparts,
Ces rois Gots & Français qui partageaient ses terres,
Par le droit odieux de leurs cruelles guerres,
Méritaient-ils de Dieu ces suprêmes honneurs ?
Mon fils, dit le génie, ils étaient ses vangeurs.
Eux-mêmes, instrumens de sa juste colere,
Se nommaient les fléaux de ce Dieu sur la terre.
Trop longtems un Céfar insultant le seigneur
Du monde entier se crut être seul l'empereur.

Chargés par les deſtins de vanger cet outrage,
Ils ſont récompenſés d'avoir eu ce courage.
Au reſte l'Eternel, dont la puiſſante main
Partage les païs de l'empire Romain,
N'avait jamais permis que ſortant de ſa cendre
A régir l'Occident il pût encor prétendre,
Que ſous un Charles-magne on le vit ſe former,
Si dans ce tems barbare il n'eût dû réformer
Certaines nations cruelles & ſauvages,
Les joignant pour un tems à des peuples plus ſages.

C'eſt ce que tu feras te faiſant empereur
Des peuples différens dont tu feras vainqueur.
Sans prendre les ſecours d'ambitieux apôtres,
Tu les réformeras tous les uns par les autres;
Et tes loix, combinant leurs diverſes humeurs
Les plîront à la fin à de plus douces mœurs.

Tu vois devant tes yeux, pourſuivit le génie,
Ceux ſous les loix de qui l'empire de Ruſſie
Commença d'aſſembler ſes peuples diſperſés (f)

(f) Roſſia veut dire diſperſion.

Et

Et dont tu poliras les travaux commencés.

Trois freres WAGRIENS unis par leur sagesse

Surent les gouverner sans rigueur ni faiblesse.

On vit après RURICK régner son fils IGOR,

En Ruffie avec lui renaître l'age d'or.

Le jeune SWATOSLAS laiffa régner fa mere,

Cette OLHA que tu vois nager dans la lumiere.

Cette princeffe alors, moins femme que grand roi,

En guerre comme en paix fit adorer fa loi;

Et le Ruffe, au foleil comparant cette Hélene,

Reconnaît lui devoir la lumiere chrétienne.

Ainfi que toi, mon fils, on la vit voyager

Pour inftruire fon peuple & pour le foulager;

Mais elle ne put faire en toute fes années

Ce que t'ont réfervé les hautes deftinées.

PIERRE s'écrie: ô ciel! quels bataillons épars!

Et quels monceaux de morts! quels débris de remparts!

Je ne vois que du fer! que des torrens de flammes!

Des Ruffes, eh quoi donc, les criminelles lames

De leur propre patrie ont répandu le fang!

Ces

Ces freres fe font-ils entrepercé le flanc ?

Voilà l'horrible effet des imprudens partages

Que font entre leurs fils des peres, rois peu fages,

Répondit le génie : en mourant Swatoslas

Fut le premier qui fit ce trop dangereux pas.

Entre trois fils chéris, mais trop farouches princes,

Il voulut divifer fes heureufes provinces.

Mais bientôt ce partage, en armant leurs fureurs;

Ne fit de leurs états qu'un vafte champ d'horreurs.

Yeupalch peu content de ceux de Kiowie

Arracha d'Olegas les états & la vie.

Maître ainfi des Dreulins fans pouvoir s'affouvir,

Il marche à Newgorod contre Wolodimir,

Et vers les Wagriëns met en fuite ce frere,

Qui, de fes bataillons chargeant bientôt la terre,

Revient & le combat, le pourfuit à fon tour;

Sous les murs de Kiow le prive enfin du jour.

Wolodimir vainqueur régna feul en Ruffie;

Mais il fuivit auffi l'influence ennemie,

Partageant à fa mort entre fes dix enfans

Des

Des païs qui fous lui devenaient renaiffans;

Et quoiqu'il en eût fait l'épreuve redoutable

Il mit encor l'ctat dans un trouble effroyable.

Ces dix freres, jaloux de leurs poffeffions,

Eurent bientôt entr'eux mille diffenfions,

Et ce ne furent plus que combats, que carnages,

Que meurtres, que poifons, que cruels brigandages.

D'un feul moment de vie à peine eft-on certain;

Ou du moins on redoute un affreux lendemain.

De ces princes les fils par de nouveaux partages

Hâtent leur infortune, augmentent les ravages;

Pour s'entre-dépouiller les plus ambitieux

Mendient le fecours du Tartare orgueilleux;

Du barbare bientôt devenus tributaires,

Pour mieux brifer ce joug multiplient les guerres,

Pour repouffer auffi les Teutons chevaliers,

Qui pour lors fe montraient d'intrépides guerriers.

Tems de trouble & d'horreurs!enfin votre ALEXANDRE

Parut, & retira fon païs de fa cendre,

Réuniffant en lui fes différens états,

K 3

Re·

Repouſſant le Tartare à force de combats.

A Moſcou le premier il fit ſa réſidence,

Et de ſes ſucceſſeurs il fonda la puiſſance.

Sur terre comme un ſaint il ſe voit honoré,

Ici plus dignement tu le vois admiré.

Bazile Iwanowitz, auprès d'Iwan ſon pere,

Et brillant comme lui d'une vive lumiere,

Augmentant ſes états en habile vainqueur,

Il porta le premier le grand nom d'empereur,

Et ſe le vit donner par la fiere Allemagne;

Mais prends-le par toi-même, ainſi que Charles-magne.

     Quel peut être ce prince? interrompit le Czar,

Celui qui nous adreſſe un ſi triſte regard?

Eloignons-nous, mon fils, répondit le génie:

Plaignons dans ce héros l'affreuſe tyrannie

Qui lui faiſait porter ſi loin ſes cruautés,

Que même on haïſſait ſes grandes qualités.

Le nommer dans l'hiſtoire eſt aſſez inutile;

Le ſeul mot de tyran veut dire Iwan Bazile,

Et vous, ô Souverains! vous-mêmes tremblez tous

D'é-

D'écouter la moitié du plus juste courroux.

FOEDOR trop faible fils d'un trop barbare pere
Souffrit tranquillement qu'on massacraît son frere.
GODUNOW son tyran, adroit usurpateur,
Abrégea ses momens pour se faire empereur.

Mais il céda lui-même à l'habile imposture
Du faux Demetrius, que la belle nature
Semblait avoir formé pour faire pardonner
Dans un fourbe hardi l'ardeur de dominer.
Célebre sur la terre, au temple de mémoire,
Il souffre dans les cieux quoique couvert de gloire.
Deux autres imposteurs qui le ressuscitaient,
Voulaient saisir l'empire & le bouleversaient.
Tous trois, des Polonais fantômes politiques,
Des Russes embrouillaient les discordes publiques,
Tandis qu'à leur couronne aspire un LADISLAS,
Et qu'un roi de Suede y veut porter ses pas.

Dans ces dissensions, & ces troubles horribles,
Les destins jusqu'alors, pour le Russe inflexibles,
Me permirent, mon fils, d'agir & gouverner

K 4

En

En leur montrant celui qu'ils devaient couronner.

Au nom de ta famille on vit toute cabale

Offrir à ROMANOFF la pourpre impériale.

Sa noble modeftie éloignait cet honneur,

Mais le peuple le force à faire fon bonheur.

Lors montant fur le trône offert par la Ruffie

Dans ce tems orageux funefte à la patrie,

Que voulait conferver l'immuable deftin,

Il en fut le fauveur plus que le fouverain.

   ,, O mon illuftre ayeul, s'écrie à l'inftant PIERRE,

,, Permets-moi de percer ton divin athmofphere.

,, Mon pere & vous auffi dont les rares vertus

,, Ont trop tôt délaiffé les Ruffes éperdus !

,, Souffrez qu'en votre fein mon ame fe déploie ;

,, Mais le ferai-je, hélas ! avec trifteffe ou joie ?

,, Vos céleftes honneurs me faifant fentir mieux

,, Ce qu'en vous on perdit fur nos terreftres lieux.

,, Et vous trop digne frere à qui je dois le trône,

,, J'aurais fu le grand art de porter la couronne,

,, Si du moins ma jeuneffe, inftruite par vos foins,

                         ,, Ne

„ Ne m'avait pas laiſſé mille cruels beſoins.

„ Trop chers prédéceſſeurs daignez ici m'inſtruire,

„ M'apprendre ce qu'il faut ou bâtir ou détruire,

„ Faiſant des Ruſſiens un peuple ſage, heureux,

„ Et de l'empire enfin un état glorieux.

Ainſi PIERRE parlait, quand de la haute ſphere

Dit une voix pareille à l'éclat du tonnere :

„ Les héros que la mort ſépara des humains

„ Pour te répondre ici font parler les deſtins.

„ Sois-nous fidelle, ô Czar, écoute ton génie,

„ Au travers des périls il conduira ta vie.

„ Plante, détruis, bâtis, attaque ton vainqueur,

„ Et meurs des Ruſſiens le plus grand empereur.

A cet oracle on vit s'agiter la lumiere,

Treſſaillir les hauts cieux & s'arrêter la terre.

PIERRE ſurpris, ſaiſi d'un ſaint frémiſſement,

Adore avec amour ce divin jugement.

Suis-moi, lui dit l'eſprit, des deſtins le ſeul maître,

A tes regards actifs veut bien faire connaître,

Pour te mieux animer, ſes plus obſcurs ſecrets.

K 5

Mon

Mon fils foumets ton ame à fes fages décrets.

Le héros n'eft grand homme, & doit n'avoir de gloire,

Qu'autant que fur foi-même il obtient la victoire.

Cet immenfe tableau me peint encor vaincu,

Dit le Czar étonné, mais non pas abbattu.

Le génie reprit: fuis ces traits de lumiere,

Ils te peindront plus loin ta gloire fur la terre,

Obferve ici ta marche aux bords Livoniens,

Tes foldats donneront des ports aux Ruffiens.

„ Oui, mais, répondit PIERRE, un conquérant injufte

„ Ote ici la couronne au malheureux AUGUSTE.

„ Trop féveres deftins écoutez nos foupirs!

Il reprendra fon trône & felon tes defirs,

Repartit le génie: avance & fuis la trace

Que te fait vers la gloire une immuable grace.

Regarde ce vainqueur. „ Ciel! il fuit devant moi!

„ S'écrie notre Czar, je lui donne la loi.

„ La victoire à préfent n'eft plus mon ennemie.....

„ O ciel! ce fugitif tourmente encor ma vie?

„ Entre les mains des Turcs je fuis fon prifonnier.

Quel

Quel triomphe, ô deſtins, pour ſon courage altier!

Telles ſont, dit l'eſprit : les plaiſirs & les peines

Qui régnent tour à tour ſur les choſes humaines.

Vois ce qu'eſt le grand homme, il n'eſt rien ſans le ciel.

Toute ſa vie, hélas! n'eſt que travail & fiel.

Avance cependant; une femme héroïne

Et que tu vois ici, l'illuſtre CATHERINE,

Sauvant tes jours, l'état, d'un imprévu malheur,

Comme épouſe mérite & ton trône & ton cœur.

„ Aſſurément! dit PIERRE : & mon eſprit ſans ceſſe

„ Aura préſens ſon air, ſes vertus, ſon adreſſe,

„ Juſqu'au jour trop heureux qui pourra me l'offrir.

„ Quel bonheur de pouvoir l'élever, la chérir!

„ C'eſt s'approcher de Dieu... mais, ô ſort déplorable!

„ Je vois ici périr mon fils trop miſérable!.....

Arrête, dit l'eſprit, tu le dois condamner;

Ainſi veut le deſtin, le dire & l'ordonner.

Car jamais tes projets, quoique grands & ſuprêmes,

Ne pourraient ſoutenir, chez les peuples extrêmes,

Les nouveaux réglemens, les nouvelles vertus,

Si

Si ton fils cependant protégeait leurs abus.

Laiſſe périr ce fils, que ton cœur l'abandonne;

Rends-le donc aux deſtins, & tel qu'on te le donne.

Il aurait renverſé nos réglemens divins.

En héros laiſſe agir ſes contraires deſtins.

Regarde plus avant, regarde ton épouſe

Juſqu'après ton trépas de te plaire jalouſe.

Elle allait vers le grand..... une ſubite mort

Dans le ſein des deſtins l'uniſſant à ton ſort.....

A cet infirme enfant abandonne le trône,

Dit P I E R R E avec chagrin: mais comment! la couronne

Ne l'écraſera pas de ſon terrible poids ?

Ah ! le fils d'ALEXIS renverſera mes loix.

Conſole-toi, dit l'ange, éternelle eſt ta gloire;

Admire ELISABETH au temple de mémoire.

Selon tes chers deſirs bientôt tu la vas voir

Etre de ta grandeur l'admirable miroir.

Vers le trône d'abord une route aſſurée

Après A N N E menait ta fille deſirée;

Mais l'injuſtice affreuſe eſſaya les deſtins

Et

Et cherchait à ravir le sceptre de ses mains.

Mais après des revers dignes de son courage

On vit cette héroïne assurer son partage,

De la plus juste cause affrontant les hazards,

S'élancer avec gloire au sceptre des Césars;

L'arracher dans l'instant, & d'une main guerriere

Rompre entre elle & le trône une injuste barriere.

Son régne heureux & long des peuples le bonheur

Semble faire tourner les cieux en sa faveur.

Quel spectacle! l'on voit une lointaine France,

Venir pour l'admirer, chercher son alliance;

Envoyer pour l'honneur de cette nation

Un L'HOPITAL former cette grande union;

Nous rappellant le nom de ces hommes célebres,

Qui soutinrent la France, en ces tems trop funebres,

Où la loi submergée en des torrens de sang

Trouvant dans leurs vertus un appui renaissant.

L'HOPITAL vient au Nord, & ses vertus aimables

Couvrent tous ses travaux de voiles agréables.

Mais quel héros là-haut, & bien plus que héros?
Fait

Fait face, agit par-tout, renverse les complots
Des plus grands potentats & des plus puissans princes,
Ligu s, pour conquérir ses plus belles provinces.
Lui seul & tout à tous, il se trouve en tous lieux;
A peine en tous païs le poursuit-on des yeux.
Ciel! quelle activité! quel feu! quelle prudence!
Il nous paraît moins roi que haute intelligence.

C'est FREDERIC, dit l'ange, admirez en ce roi
Le plus grand des humains & des hommes de loi;
Un des grands généraux qui paraissent sur terre,
Enfin un grand savant, qui l'orne & qui l'éclaire;
Unissant en lui seul, de cent héros les cœurs,
Mieux qu'eux il fait valoir leurs talens supérieurs.

Eh quoi donc, ce héros, dit le Czar au génie,
Sera-t-il l'ennemi de ma chere Russie?
Non, lui répondit l'ange, il sera son ami
En le faisant briller comme son ennemi :
Car il est bien plus beau d'obtenir la victoire
Sur un prince grand homme & couronné de gloire,
Que d'abbattre un monarque ignoble & sans talens,
                                                  Et

Pierre III.

Et qui reſſemblerait à ces rois indolens,

Dont parlent à regret les faſtes de l'hiſtoire,

Gémiſſant de transmettre au temple de mémoire

Les noms de ces humains, trop inutiles rois,

Qui ne font point régner la vertu ni les loix.

Regarde auprès de toi venir ces jeunes princes.

Que vois-je! dit le Czar, quoi! toutes mes provinces

Doivent voir le neveu de mon fier ennemi

Les gouverner un jour comme empereur, ami.

Tout change, dit l'eſprit, le deſtin favorable,

Terminant à la fin la haine déplorable

Qui deſunit long-tems le ſang de vos maiſons,

Saura les réunir par d'heureux rejettons,

Et par eux régneront ſur la Ruſſie entiere.

De CHARLES les neveux, les petits-fils de PIERRE.

Quel prince, dit le Czar, ſe préſente à mes yeux!

Ma fille le conduit d'un pas majeſtueux,

Sans vouloir le ſavoir, il va droit à la gloire.

La plume ſe prépare; il ornera l'hiſtoire.

Aſſis auprès du trône en habit guerrier,

Sa

Sa courageuse main veut saisir un laurier.

Le cœur d'Elisabeth grand, mais bon, tendre & sage,

Tout en l'applaudissant, tempere son courage.

Une épouse admirable arrête son ardeur;

Elle sait ses vertus, elle connaît son cœur.

Philosophe héroïque, elle anime, elle honore,

La science & l'esprit, que dans elle on adore.

L'ange parlait encor, qu'un immense brouillard

Déroba tout-à-coup le ciel aux yeux du Czar.

Les éclairs sillonnans sur ses faibles paupieres,

Les éclats redoublés des plus bruyans tonnerres,

Font fuir la vision, & rappellent ses sens

Qui le font retrouver au nombre des vivans.

Cet empereur admire au fond de sa pensée

Les secrets du grand Dieu, dont on n'a point d'idée;

Que vous seriez aimé, dit-il, en l'adorant,

Si l'on ne faisait pas de vous un Dieu tyran!

LA PETREADE

O U

PIERRE LE CREATEUR.

CHANT SEPTIEME.

PIERRE refluscité de cette léthargie
Qui l'avait tranfporté dans l'éternelle vie,
Se fentit pénétré des faveurs du deftin;
Sur lui rejailliffait certain rayon divin,
Flamme immatérielle, & qui donne l'effence,
Ou qui du moins s'anime en tout être qui penfe.
C'eft ce rayon divin qui nous fait triompher
De cent efprits rétifs qui veulent réfifter.

L

De

De PIERRE les fujets, & que fon air accable,
Le voyant jufte & grand trouvent fon regne aimable ;
On les voit fe livrer & fe plier à tout,
Pour l'aider à pouffer fes grands deffeins à bout.
Les Ruffiens jadis avaient la Livonie,
Qui leur donnait des ports pour fervir leur patrie.
Mais ces peuples jadis pouvaient-ils d'aucun port
Tirer quelque parti pour adoucir leur fort ?
Par les fiers Suédois, habiles politiques,
Ils étaient féparés des rivages Baltiques.
Ils ne pouvaient ufer de ces commodes mers,
Qui portaient les vaiffeaux au bout de l'univers.
Il fallait leur ouvrir des portes néceffaires
Pour aller recueillir les biens des autres terres,
Qui compofent enfemble un autre continent
Moins grand que la Ruffie & bien plus opulent.
De fes chers Ruffiens PIERRE, l'habile pere,
Voulut en Livonie au moins porter la guerre ;
AUGUSTE ne pouvant y mener fes foldats,
Les Polonais étant jaloux de leurs états,

Et

Et d'une liberté leur idole trop chère

Pour vouloir recevoir une troupe étrangere.

L'empereur ne pouvant fecourir fon ami

Contre CHARLES toujours implacable ennemi,

Par la diverfion des plus puiffantes armes,

Crut du moins adoucir d'AUGUSTE les allarmes,

Et détourner fur foi quelques-uns des éclats

Du foudre qui pourfuit ce roi dans fes états.

Notre Czar, devenant lui-même un autre foudre,

Chez l'ennemi s'avance & réduit tout en poudre,

Et la flamme à la main faifant irruption,

Même chez le vainqueur met la confufion.

Tandis que les Suédois vont en Lithuanie,

Le Czar comme un torrent court vers la Livonie,

Que CHARLES furieux venait d'abandonner,

Pourfuivant fon ami qu'il voulait détrôner.

En fortant de Ruffie on trouve une contrée

En tournant vers le pole où tempête borée,

On l'appelle l'Ingrie, & fur les Suédois

L'aigle Ruffe avec gloire y tranfporte fes loix;

Dé

Déjà fur SCHLIPPENBACH fondant à tire d'aile,
Etouffant de ce chef le courage & le zele,
Elle fait prendre au Ruffe un fuprême afcendant;
De ville en citadelle il marche triomphant.
Dans fes ferres tenant Nottebourg, Schanfternie
Elle plane déjà près de la Lœthonie,
Et maîtreffe du cours de l'utile Neva
Une feconde fois s'avance vers Nerva.

C'eft vers ce lieu fatal que PIERRE prend fa route,
Son grand cœur defirant d'effacer la déroute
Où le Ruffe, vaincu par l'abfence du Czar,
Se vit anéantir fous ce cruel rempart.
Ruffes raffurez-vous! votre empereur lui-même,
Ne craignant ni périls, ni la fatigue extrême,
Sous les murs de Nerva reconduira vos pas;
C'eft affez, & déjà vous bravez le trépas.

Quel noble changement dans des foldats timides!
Nerva paraît enfin à leurs regards avides,
Et chacun d'eux du Czar veut confulter les yeux,
Pour y chercher gaîment les endroits périlleux.

Mais

Mais PIERRE, que conduit un efprit falutaire,
Et qui fait du foldat être empereur & pere,
Balançant des fujets & la vie & la mort,
Pour leur propre falut fait expofer leur fort.

    Il ménage avec art les approches mortelles
De Nerva foudroyant par cent bouches cruelles,
Qui vomiffant par-tout & la flamme & le fer
Font de fes environs une efpece d'enfer.
Pour mieux s'en garantir les troupes retranchées
S'enterrent toutes vives au fond de leurs tranchées;
Les foldats bien poftés la beche dans les mains,
Font vers les baftions de tortueux chemins;
Dans mille fouterrains fouillent, s'enféveliffent,
Pour parer les boulets que tous ces forts vomiffent;
Et qui trouvans par-tout des obliques remparts
Ne peuvent enfiler ces adroits boulevarts.

    Mais qui peut fe parer de l'adreffe cruelle
De notre efpece humaine, avide & criminelle?
Que de globes ardens, prompts comme les éclairs!
S'élevent en fiflant & crevent dans les airs!

L 3

Ils

Ils vont tomber au loin comme un foudre effroyable,
Faifant pleuvoir par-tout la mort inévitable.
Chacun fe la renvoye affiégés, affiégeans ;
Nul n'en eft à l'abri par fes retranchemens.
C'eft ainfi que la mort, que fait voler la haine
Triomphe des humains par l'induftrie humaine ;
C'eft ainfi que du ciel la fuprême équité
Fait périr les méchans par leur méchanceté.

Du gouverneur DE HORN l'active prévoyance
Au cœur des citoyens portait la confiance ;
DE PROU vice-amiral, courageux Suédois,
Qui favait de la mer la manœuvre & les loix,
Embarquait à Wibourg une troupe choifie,
Croyant tromper fur mer les forces de Ruffie,
Et porter des fecours auffi prompts que certains
Aux triftes affiégés qui leur tendaient les mains.
On voit du haut des murs leurs frégates flottantes
Fendre rapidement les ondes écumantes.
De tous les citoyens les avides regards
Mefurent leur chemin jufqu'au pié des remparts.

Au

Au plus heureux efpoir leur ame fe déploye.

On court, chacun s'embraffe, & tous pleurent de joye.

Enfin de l'affiégé l'aimable émotion,

Porte chez l'affiégeant la confternation.

Les Ruffes étonnés voyent d'un œil timide

Les fecours avancer fur la plaine liquide.

Ils fe demandent tous s'ils pourront repouffer

Ce nouvel ennemi qu'on leur veut oppofer;

Et l'affiégeant enfin, redoutant quelque piege,

Tremble d'avoir lui-même à foutenir un fiege.

Le camp eft en allarme, & le plus grand des Czars

Seul ferme & de fang froid défie les hazards.

Mais par le ciel d'abord fa prudence éclairée,

Ne veut point leur livrer le fort de fon armée.

Déjà dans fon efprit il avait prévenu

Leurs coups qui font fouvent échouer la vertu.

Il parle à fes foldats, & leur rend leur courage.

„ Amis que faites-vous debout fur ce rivage?

„ Non, ce n'eft pas ici que l'on doit attaquer

„ Cet ennemi qui doit bientôt fe rembarquer.

L 4

„ Cro-

„ Croyez-moi le péril n'eſt ici qu'en peinture
„ Et déjà la Nerva n'aura plus d'embouchure
„ Pour laiſſer remonter aucun de ſes vaiſſeaux
„ Vers les murs où bientôt brilleront vos drapeaux.
  Il dit, & la Nerva par cent canons barrée
Au ſecours Suédois refuſe ſon entrée.
L'amiral étonné fait envain mille efforts,
Et retourne cacher ſon malheur dans ſes ports.
  L'aſſiégé qui des murs apperçoit ſa disgrace,
Par le déſeſpoir même augmente ſon audace.
Se montre aux Ruſſiens & garnit les remparts
Sans relâche combat, fait feu de toutes parts.
PIERRE qui voit le feu de la ville aſſiégée
Par un ton ſupérieur dominer ſa tranchée,
Et fulminant ſans fin du haut des baſtions,
Etonner ſes ſoldats, dérouter ſes canons ;
PIERRE paraît d'abord, parle, encourage, ordonne.
A ſa voix ſon canon s'avance, charge, tonne.
De cent bouches d'airain le ſalpêtre enflammé
Foudroye chaque fort qui s'en trouve abimé.

Bien.

Bientôt on ne voit plus leur groſſe artillerie
Eclairer par ſes feux toute leur batterie.
Bientôt on ne voit plus les ardens cannoniers
Avec la meche en main embraſer les mortiers.
De degrés en degrés du héros la préſence)
A ces fiers aſſiégés impoſe le ſilence.
De Horn leur gouverneur, un des plus grands guerriers,
Qui craint en ſe rendant de perdre ſes lauriers,
Parle à ſes Suédois & court toute la ville;
Mais contre notre Czar ſon effort inutile
Lui conſeille d'écrire aux généraux amis,
Appellant du ſecours contre ſes ennemis.
  L'ange de la Ruſſie, attentif à ſa gloire,
Qui de PIERRE voulait illuſtrer la victoire,
Epie le moment que ſort le meſſager
Pour courir vers Stibach du pas le plus léger.
A ſa marche il oppoſe un nuiſible nuage,
Et fait enfin ſaiſir ce dangereux meſſage.
Notre Czar ayant lu ce que De Horn écrit,
Suit l'avis inſpiré par ſon divin eſprit.

L 5

Tan-

Tandis qu'une nuit noire enveloppe la terre,
Et couvre fes deffeins du plus profond miftere,
Il met hors de fon camp divers gros bataillons
Vêtus en Suédois & traînans des canons.
Le lendemain au jour cette troupe mafquée
Préfente aux affiégés une tête d'armée,
Qui vient à leur fecours, leur faifant le fignal
Que la lettre DE HORN marquait au général.
 Qui peut des affiégés repréfenter la joye?
Ces transports animés où chacun fe déploye?
La garnifon gaîment vient border le rempart,
Voulant dans la victoire obtenir une part.
Tandis que notre Czar, feignant d'être en allarmes,
Fait abbattre fon camp & fait courir aux armes.
Tout y paraît d'abord dans l'agitation;
Chaque troupe combat avec confufion.
Le faux fecours avance, & fait de fauffes charges;
L'affiégeant y répond par de faibles décharges,
La fimple poudre éclate & fans plombs meurtriers,
Et chaque parti feint de perdre des guerriers,

En-

Enfin le fecours femble arracher la victoire
Et DE HORN defire en partager la gloire.
Il fait alors fortir fes foldats de leurs forts,
Et prétend du fecours feconder les efforts.
Plus d'un bourgeois, qui croit aller piller la proye,
Suivait la garnifon avec ardeur & joye.
Mais ô trifte furprife! ô revers trop cruel!
Ils fe voyent tombés dans un piege mortel!
Encor un pas la mort par-tout les environne,
Et de fa faulx tranchante il n'échappait perfonne.

On voit des Suédois le génie accourant
Du fein de la Pologne où CHARLES conquérant
Faifait fous fon aufpice éclater fon courage.
Il vole ici des fiens empêcher le carnage.
„ Arrêtez, leur dit-il, amis où courez-vous?
„ C'eft un appas trompeur où vous périrez tous.
„ Croyez-vous que le Ruffe eft fans intelligence,
„ Et qu'on pourra toujours l'attaquer fans prudence?
„ Abandonnez vos morts, regagnez le remparte,
„ Rapportans à DE HORN cette rufe du Czar.

„ Al-

„ Allez & dites-lui: l'ange de la Suede

„ Trouve dans nos feuls murs du fecours, du remede;

„ Rentrez & défendez vos heureux baftions

„ D'où votre valeur peut matter fes légions.

Il dit, & leur foufla cette étonnante audace

Qui jamais ne fléchit & ne cede la place.

Animés par ces cris ces affiégés trop fiers

Par le bruit de leurs coups faifaient gémir les mers.

L'athmofphere eft chargé d'une épaiffe fumée ,

Et la poudre en éclairs perce cette nuée.

C'eft ainfi que l'on voit les éclairs fillonnans

Eclairer les horreurs des plus noirs ouragans,

Et préfentans la mort grondant fur les nuages

Glacer d'un trifte effroi les plus bouillans courages.

Le Czar toujours guidé par la haute valeur,

Au travers de l'orage avance avec grandeur.

Au milieu des hazards fon fang froid intrépide

Infpire l'héroïfme au cœur le plus timide.

Déjà fur cent affuts , cent inftrumens vainqueurs

Lancent contre les murs des globes deftructeurs.

Dé-

Déjà de trois côtés le rempart fe crevaffe,
De trois côtés auffi l'affiégé fe terraffe,
Et derriere la breche élevant des travaux
En éloignant fa prife il prolonge fes maux.
Sous les débris affreux de leurs maifons fumantes
Les Suédois voyaient leurs époufes fanglantes;
Leurs enfans écrafés, leurs filles en lambeaux,
Tout enfemble trouver la mort & leurs tombeaux.
Ils nagent dans l'horreur. L'ange qui comme PIERRE
Blâme ces furieux, gémit de leur mifere,
Pour épargner leur fang & pour mieux les fauver,
Touche le mur d'Honor, & le fait foulever.
Cette maffe retombe avec un bruit terrible,
Et remplit le foffé de fon décombre horrible;
Mur, parapet, canon, les foldats malheureux
Font vers la breche un pont commode & fpacieux.
Donnant au feul hazard cet ouvrage de l'ange,
De Horn conferve encor l'entêtement étrange
De défendre la ville ou de s'enfévelir
Dans un fort que le Czar s'obftine à lui ravir.

Cependant l'empereur, qui ne peut point comprendre
Que ce grand commandant veuille encor se défendre,
Oubliant par bonté le rôle de vainqueur
Veut fl chir du vaincu l'inflexible rigueur:
Ogilwi général écrit selon son ordre,
Représente à DE HORN le funeste désordre
Qui doit suivre un assaut, où le triste innocent
Dans la premiere ardeur répand toujours son sang;
Qu'ouvrant aux Russiens un facile passage
Le ciel condamné enfin son funeste courage.
„ Qui sont ces Russiens? répond le gouverneur:
„ Sont-ils pas ces guerriers qui remplis de terreur,
„ Tremblans au pié des murs de cette même ville,
„ Se virent enchaîner au nombre de cent mille?
„ Notre héros absent compte encor sur nos bras,
„ Et nous comptons pour rien un évident trépas.
„ En attendant du Russe on peut bien se défendre,
„ Ou du moins ne livrer que des vaincus en cendre.
Ces discours où le Russe était peu ménagé,
N'étaient plus de saison, & tout était changé.

Par

Par les travaux du Czar, par ſes ſoins admirables,
Ses ſoldats n'étaient plus des hommes mépriſables
Qu'un peu de Suédois détruiſaient par milliers;
Les Ruſſes ſous le Czar ſe créaient grands guerriers.
La réponſe DE HORN, noble mais inſultante,
Piquait dans leur héros leur valeur renaiſſante.
Aux armes ſous ſes yeux chacun court en ſurſaut,
Et dans le plus bel ordre avance vers l'aſſaut.
Les tambours, les clairons égayent leur courage;
L'artillerie en feu, prélude du carnage,
Protege le ſoldat qui s'avance à pas ſurs
Vers la ville, & franchit ſes déplorables murs.
Leurs longs débris ſervaient de pont juſqu'à la place,
Couverts de flots de ſang qui ſous leurs piés ſe glace,
Ne font aucune horreur aux Ruſſes enflammés,
Qui ſecondent l'effort de leurs chefs animés.
Au baſtion d'Honor le fier SCHAMMERS arrive,
Le Ruſſe fuit l'effort de ſa valeur active;
WERDEN conduit l'aſſaut du baſtion Fama,
Et le vaillant SCHÖNBECK marche à Victoria.

Aux

Aux yeux de l'empereur, l'ame de son armée,
Chaque troupe de gloire ou de mort affamée
Tire, avance, combat, & bientôt mains à mains
L'affiégeant l'affiégé, disputent leurs destins.
Il faut vaincre ou périr; la nature frissonne,
Gémit voyant la mort, qui n'épargne personne,
Se donner & se rendre à coups précipités,
Accabler des héros jusqu'alors indomptés.
L'affiégé défend moins sa vie que la place;
A l'affiégeant par-tout quoiqu'expirant fait face;
Et même après sa mort il semble qu'il combat.
Un feu roulant détruit ce que le fer abbat.

C'est ainsi que l'on voit la flamme dévorante
Seconder les efforts de la hache tranchante,
Et détruire les bois, la gloire des forêts
Dont l'actif laboureur veut faire des guérets.

Toi superbe Nerva! Toi ville glorieuse,
Par tes braves soldats, par tes combats fameuse,
Tu n'aurais plus été qu'un champ rempli d'horreur,
Sans le bras bienfaisant de PIERRE ton vainqueur;

Ses

Ses Russes irrités de tant de résistance,

Dans Nerva, qui combat malgré son impuissance,

Raniment leur valeur, rassemblent leurs efforts,

Et se font jour enfin à travers mille morts.

Le Suédois vaincu fuit, & loin de se rendre,

Fuit dans la vieille ville, & cherche à se défendre;

Le Czar force bientôt tous ces retranchémens,

Et Nerva pousse enfin de longs gémissémens.

Ces cris, ces tristes cris de la nature en peine,

Dans le cœur d'un héros éteignent toute haine,

Et dans celui de PIERRE ils portent la douleur;

Ils font plus, & Nerva trouve en PIERRE un vangeur.

Lui-même il la défend contre sa propre armée,

A vanger tous ses morts vivement acharnée.

   Les Russes, irrités de l'obstination

Du fier comte DE HORN & de sa garnison,

Trouvans dans leur fureur la victoire trop chere,

Vouloient faire valoir tous les droits de la guerre.

C'en est fait; tout Nerva va périr dans l'instant;

Le Czar accourt d'abord, il arrête le sang.

M

Et

Et non content auffi de protéger la vie
Du foldat Suédois & de la bourgeoifie,
Il défend même encor leurs biens & leur honneur,
Se montre des vaincus plus pere que vainqueur.
Il perce le foldat qui pillait leurs familles,
Et noye dans fon fang la honte de leurs filles.

   „ Mon glaive n'eft point teint, dit-il aux citoyens,
„ Du fang des affiégés, mais de mes Ruffiens.
„ Et toi! pourfuivit-il, regardant avec peine
„ Le gouverneur captif qu'à fes piés on amene,
„ Toi commandant cruel! toi! dont l'entêtement
„ Eft caufe qu'on verfa trop de fang innocent,
„ Va, chargé de mes fers, gémir dans les ténebres,
„ Sur ces jours malgré moi devenus trop funebres.
„ Remplace SCHLIPPENBACH, que tu fis enfermer
„ Pour avoir fu la guerre & mieux me défarmer.

   Il dit, & dans l'inftant le célefte génie
Qui faifait par le Czar triompher la Ruffie,
Le conduit par la ville, & fur fes pas la paix,
Accordant fes douceurs & fes charmans bienfaits,

Y

Y faifait difparaître & le fang & les larmes,

Succéder le repos aux cruelles allarmes.

Le marchand & l'ouvrier, le noble & le bourgeois,

Obéiffent déjà par amour & par choix.

Pour ouvrir les tréfors de fa magnificence,

Et leur faire jouir d'une heureufe abondance,

Il veut que MENZIKOFF comme leur général,

Comme fon favori leur ferve de canal.

Ils fuivent du vainqueur & les pas & l'exemple,

L'accompagnent eux-même au plus célebre temple

Rendre grace au très-haut le fouverain feigneur

Des peuples, des états, des rois & de leur cœur.

   Ce même être éternel, & pour plus grande gloire,

Donnait alors au Czar une double victoire.

Un cri fubit annonce aux Ruffiens furpris,

Que par fon aigle Derpt & fon lac étaient pris.

Un bien feul ne vient point, dit fouvent le vulgaire,

Toujours un mal, un bien, ont leurs fuivans fur terre;

Mais notre Czar qui veut tout voir & s'affurer,

Pour cet autre triomphe a fu tout préparer.

Dé-

Déjà même s'ouvrant par de juftes mefures,
A Revel, à Riga les routes les plus fures,
Les force par le foudre échappé de fa main,
De reconnaître en lui leur nouveau fouverain.
Les coups victorieux que conduit le génie,
Font enfin fous fes loix plier la Livonie,
Et du fein de la guerre on voit que ce héros,
Dans cet heureux état fait naître le repos.
La province foumife & fes remparts tranquiles
Voyent le laboureur dans leurs plaines fertiles,
Ne craignant plus la faulx des guerriers inhumains,
Répandre les tréfors réfervés à fes mains.
Les habitans enfin de cette heureufe terre
Voyant gronder au loin le martial tonnerre,
Et plaignans tendrement leurs voifins malheureux,
Félicitent la paix qui retourne chez eux.
Mais leur propre bonheur eft encore peu ftable.
Tant que CHARLES ailleurs fe montre redoutable.
Jamais les Ruffiens s'y trouveront en paix,
Tant qu'il triomphera du roi des Polonais.

L'an

L'ange de la Suède, esprit fait pour la guerre,
Voyant qu'en Livonie il n'a plus rien à faire,
Que PIERRE est triomphant de son plus grand effort,
Volant vers la Pologne y transporte la mort;
Et traversant les bois de la Lithuanie
Il arrive bientôt aux murs de Varsovie;
De l'ardente discorde il soufle le poison,
Et qui dans la Pologne étouffe la raison.
CHARLES y voyageait comme un fatal nuage,
Qui porte en grossissant l'effroi sur son passage,
Qui suit de près l'éclair qu'il a fait sillonner,
Qui frappe même avant qu'on l'entende tonner.
  La Pologne en effet vit CHARLES comme un foudre,
Qui brise tout obstacle & réduit tout en poudre,
Suivre son ennemi, l'attaquer, le chasser,
Et jusque dans son sein le vaincre & terrasser,
CHARLES veut encor plus, le renverser du trône,
Et sur un autre chef transporter sa couronne.
Un primat insolent, & prêtre ambitieux,
Prête pour ce projet ses soins officieux.

                      L'en-

L'encenfoir à la main ce prélat hypocrite,
Au lieu d'un Dieu clément que la vengeance irrite,
Encenfe avec adreffe un monarque vainqueur,
L'anime contre un roi qu'accable le malheur.
Feignant de raffurer la Pologne inquiete,
Il convoque le noble, il forme une diete;
Il s'arme d'un faux zele, & fes tons féduifans,
Ont dans chaque parti nombre de partifans.

   Qui ne fait qu'en Pologne une nobleffe libre,
Entr'elle & tous fes rois tient fans fin l'équilibre;
Que la balance auffi panche de fon côté,
Dès qu'un moindre accident touche à fa liberté?
Un intérêt fi vif réuniffant les troupes,
Des nobles qui toujours formaient différens groupes
Quand leur propre intérêt divife leurs efprits,
Et les rend méfians, ou fouvent trop aigris.
  Le primat éclairé fur ce qui l'intéreffe,
En réunit plufieurs par fa funefte adreffe,
Efpérant de gagner, au gré de fon ardeur,
Ceux qui pour la fortune abandonnent l'honneur.

„ Qu'at-

,, Qu'attendons-nous ? dit-il, trop illuſtre aſſemblée

,, Par des maux étrangers la Pologne eſt troublée,

,, Et nous nous endormons ainſi qu'en pleine paix.

,, On ravage nos biens, ſommes-nous Polonais?

,, Qui fait chez nous la guerre?Eſt-ce la République?

,, Ou bien de notre roi la ſourde politique ?

,, Eſt-ce pour notre gloire? Eſt-ce pour notre bien?

,, Que ſes Saxons allaient chez le Livonien,

,, Malgré notre Pologne étendre ſon empire.

,, Nous aimons notre roi, nous pouvons le lui dire·

,, Mais que nous fait à nous qu'il devienne puiſſant?

,, Sans cela notre peuple eſt aſſez floriſſant :

,, Que dis-je! la Pologne eſt toujours plus heureuſe,

,, Alors qu'elle n'eſt point vainement glorieuſe,

,, De la grande puiſſance & des lauriers d'un roi

,, Qui pourrait bien un jour lui trop donner la loi·

,, L'infortune d'Auguste aujourd'hui nous étonne ;

,, Mais c'eſt ſur nous, hélas! que cette guerre tonne.

,, Si notre roi ſuccombe, avec lui nous tombons ;

,, S'il triomphe, ſous lui bientôt nous ſuccombons ;

M 4

Et

» Et notre liberté..... fur ce mot qui vous touche

» Mon trifte cœur faifi ne fecourt plus ma bouche.

» Secourez vous vous-même, & fans délibérer,

» Courez vîte au remede & fans trop différer.

Ainfi donc du prélat la politique adraite,

Ne laiffe aux Polonais qu'une feule retraite,

Pour fuir des Suédois la triomphante ardeur,

Pour éviter le fer de ce peuple vainqueur.

» CHARLES monarque altier, leur dit-il à voix baffe,

» De leur retardement fe fatigue & fe laffe.

» Defire voir leur roi par leurs mains détrôné, ﹜

» Et bientôt LECZINSKI par leurs mains couronné,

Malgré tous les efforts d'une ligue oppofante,

On déclare auffitôt la couronne vacante,

Et pour chaffer enfin un roi victorieux,

On éleve un fujet à ce rang glorieux;

Et fans examiner fi l'action eft jufte,

Le falut de l'état fait rejetter AUGUSTE,

Fait proclamer un roi qui plait à fon vainqueur,

Et STANISLAS jouit de ce double bonheur.

STA.

STANISLAS qui mérite une triple couronne,)
Si la feule vertu lui préfentait ce trône.

STANISLAS en un mot fi grand, fi vertueux,
Qu'on lui pardonnerait un crime plus heureux.
Car du fort qui fe joue innocente victime,
On lui fait faire, hélas! un inutile crime.
En attendant fa chûte il jouit des honneurs,
Que mérite chez lui le plus noble des cœurs;
Et fon rival AUGUSTE, allant cacher fa honte,
Eft forcé d'adorer le vainqueur qui l'affronte,
Ecrit à STANISLAS pour le féliciter,
Du trône dont il vient de le précipiter.

Alors PIERRE fans qui cette paix eft tramée,
Et qui voit fur lui feul accourir une armée,
Accoutumée à vaincre avec fon jeune roi,
Qui fe flatte en fon cœur de lui donner la loi;
L'empereur, qui prévoit où paffera l'orage,
Voudrait bien épargner ce funefte paffage,
En bon prince, en bon pere à tous fes chers fujets,
Et s'épargner auffi de douloureux objets.

M 5

Il

Il voudrait conferver une conquête jufte,
Mais il lui faut combattre un roi vainqueur d'Auguste,
Et l'on redoute tout des héros de fon rang;
Ce n'eft pas que le Czar ne fe fente affez grand,
Pour lui ravir un jour l'honneur de la victoire,
Et l'éclipfer enfin au temple de mémoire,
Se trouvant plus de gloire à rétablir un roi,
Que Charles n'en reçut en lui faifant la loi.
Il cherche à le vanger, il fait marcher fes armes,
Et voulant terminer la guerre & fes allarmes,
Comme un fecond Céfar, le Czar vole au devant,
Pour mourir avec gloire, ou vivre en triomphant.

LA PETREADE

O U

PIERRE LE CREATEUR.

CHANT HUITIEME.

Les chefs-d'œuvres fameux d'un héros ordinaire,
Sont de vaincre par-tout, de ravager la terre;
D'être de cent remparts le fléau destructeur;
Mais de PIERRE la gloire est d'être créateur.

Tandis que l'ennemi ne pense qu'à combattre,
Tandis qu'il se promet de détruire & d'abbattre,
PIERRE digne héros édifie & bâtit,
Et remplace les murs qu'ailleurs on démolit.

Une

Une ville s'élevc, à fa voix bienfaifante
La nature paraît fe rendre obéiffante;
Et fous fa main l'on voit les plus triftes déferts
D'une cité pompeufe enrichir l'univers.

     Une terre en tout tems fombre & marécageufe,
Cruellement ftérile, indigente odieufe,
A qui l'aftre du jour refufe fes rayons,
Que l'ingrate nature a privé de fes dons,
Aux bords de la Neva la malheureufe Ingrie,
Gémiffait du courroux de la nature aigrie,
Et ne pouvait nourrir quelques pâles enfans,
Qui tiraient de fon fein des fucs trop languiffans.
Confolez-vous Ingrie! un héros vous arrive,
Conduifant tous les biens fur votre heureufe rive;
Vous l'allez voir bientôt fourmiller de fujets,
Qui fe rendront heureux en fuivant fes projets.
Le plus mauvais païs devient riche & fertile,
Sitôt qu'un nombreux peuple y fait fe rendre utile.

     Mais déjà fur ces bords un peuple d'ouvriers,
Des lieux les plus lointains arrive par milliers!

Par

Par cent chemins on voit leurs troupes à la file
Venir, & se logeans se former une ville,
Autour d'une cabane où PIERRE tient sa cour,
Et n'est jamais plus grand que dans ce vil séjour.

 Quand on veut réussir la plus belle maxime,
Est de montrer l'exemple en homme magnanime.
Sur les isles que font les eaux de la Neva,
PIERRE la beche en main lui-même leur traça,
Tous les allignemens d'une ville impériale,
Et digne d'égaler toute autre capitale,
D'attirer les regards des voyageurs savans,
Et les pas empressés des actifs commerçans.
Notre empereur rempli de cette noble idée,
Semble à tous ses sujets inspirer sa pensée;
Elle échauffe leur ame, elle éleve leur cœur,
De leurs plus grands travaux elle soutient l'ardeur.

 Autour du souverain on travaille, on s'empresse,
On cherche dans ses yeux le prix de son adresse.
Pour ne point retarder les travaux différens,
De tout ce que l'on trouve on fait des instrumens.

Au

Au niveau quelques-uns applaniſſent les terres;
D'autres à tours de bras vont voiturer les pierres,
Sous la hache déjà ſuccombent les forêts,
Tandis que cent foſſés deſſechent leurs marais.
Par le fer aiguiſé la pierre façonnée,
Par cent fourneaux ardens la brique préparée,
Et des bois tous entiers en charpentes taillés,
Les ferrémens enfin proprement travaillés,
De tous les ouvriers réjouiſſent la vue,
Et pour les employer chacun d'eux s'évertue.
Déjà de tous côtés s'élevent les maiſons,
Et ſemblent ſeconder les efforts des maçons.
Ils font briller ſur-tout & leur force & leur zele,
Entaſſans à l'envi la fiere citadelle,
Que du Czar le génie avait ſu leur tracer,
Et que CHARLES pourra vainement menacer.

Mais pendant qu'au travail ils trouvent tant de charmes
Ils entendent crier: l'ennemi vient! aux armes!
Chacun laiſſe l'ouvrage, & plein d'étonnement,
Chacun eſt en déſordre & court confuſément.

Lors

Lors PIERRE paraiffant les raffemble & raffure,

Les renvoye gaiement bâtir d'une main fure.

PIERRE veillait pour eux fur terre & fur les eaux,

Empêchant l'ennemi de troubler leurs travaux.

Les Suédois, jaloux de fa ville naiffante,

Et connaiffans combien elle était importante,

Pour affurer au Czar fa conquête & fes ports,

Contr'elle redoublaient leurs plus puiffans efforts.

Leurs navires fur mer, leurs bataillons fur terre,

Cherchaient à renverfer les hauts projets de PIERRE,

En renverfant d'abord fa nouvelle cité,

Et difperfant au loin fon peuple épouvanté.

Mais le Czar prévoyant leur fecrete penfée,

Prévint tous les deffeins de leur ame abufée.

L'embouchure & le golfe hériffés de foldats,

Virent fuir l'ennemi dans différens combats,

Abandonner enfin leurs rives triomphantes,

Pour cacher dans fes murs fes défaites fanglantes,

Laiffans en liberté ces heureux ouvriers,

Achever de bâtir à l'ombre des lauriers.

C'eſt

C'eſt ainſi que l'on vit dans l'antique Judée,
Le peuple élu de Dieu revenant de Chaldée,
Bâtir leur ville ſainte au milieu des horreurs,
Que les Samaritains cauſaient dans leurs fureurs;
Que l'outil d'une main & de l'autre l'épée,
Ils furent repouſſer leur envieuſe armée,
Travailler avec cœur, combattre vaillamment,
Triompher & bâtir leur plus beau monument.
PIERRE, par le ſecours de ſon puiſſant génie,
Fait préſent d'une ville à l'heureuſe Ruſſie:
Mais ce n'eſt pas aſſez pour le plus grand des Czars
De bâtir des maiſons, un port & des remparts;
Il veut orner encor ſa précieuſe ville,
Et joindre l'agréable à ce qu'elle a d'utile.
Conduits par ſon eſprit des ouvriers fameux,
Accourent dans ſes murs travailler ſous ſes yeux.
On voit d'abord venir l'élégante ſculpture,
Donner de l'ornement à la ſimple nature;
Dans les grands bâtimens tout paſſe par ſes mains,
Et ſous les yeux du Czar ſe font tous ſes deſſeins:

Pour

Pour la premiere fois on voit dans la Ruſſie,
Les arts ſi recherchés de la Grece polie;
Paraît l'architecture & tous ſes élémens,
Q i fixent le bon goût dans tous les ornemens.
Chaqu'ordre eſt employé, le Toſcan, l'Ionique;
Pour bâtir les palais on ſe ſert du Dorique;
Mais pour plus d'élégance on ſuit le Corinthien.
De tous le Compoſite eſt le charmant lien.
De plus l'ordre de Perſe & des Caryatiques,
Etalent à l'envi des beautés magnifiques;
Au lieu de colonnade on voit dans les palais,
Pour ſupporter les toits des coloſſes parfaits,
De l'un & l'autre ſexe en leur belle nature,
Pour donner plus d'éclat à leur architecture.
Des Perſes autrefois les Grecs victorieux,
Eurent ſoin d'élever ces trophées fameux,
Ces monumens parlans d'une inſigne victoire,
Et dont l'architecture a conſacré la gloire,
L'image des vaincus qui ſubirent leurs loix,
Portant l'entablement de leurs ſuperbes toits.

N

C'eſt

C'eſt ainſi que le Czar, par un heureux préſage,
De ces grands ornemens fit faire un noble uſage;
Que Pétersbourg enfin des Ruſſes l'ornement,
Devait de ſon triomphe être le monument.

Tandis que l'étranger, qui ſuit la renommée,
Accourt pour admirer cette ville créée,
Et que PIERRE lui-même admire dans leurs yeux
De ſes heureux travaux les effets précieux;
L'ange de la Suede aſſis ſur une nue,
Et baiſſant ſur la ville une jalouſe vue,
Exhalait par ces mots ſa douleur, ſon dépit,
Voyant que ſous ſes murs tomberait ſon crédit.
,, Ainſi donc, diſait-il: cette ville orgueilleuſe,
,, Sortant dans un moment d'une terre fangeuſe,
,, Voudra ſur la Baltique auſſi nous ſurpaſſer?
,, Mais que dis-je! peut-être un jour nous écraſer?
,, Quel marchand déſormais affranchiſſant les ondes,
,, Portera dans Stokholm les tréſors des deux mondes?
,, Et viendra dans mes ports au travers des rochers,
,, Si ce port eſt facile aux yeux des paſſagers?

,, Ne

„ Ne vois-je pas déjà dans fa rade ennemie,

„ Ces vaiffeaux, ces guerriers, qu'affemble fon génie,

„ Menacer de leurs feux nos rivages, nos ports?

„ Prévenons dès l'inftant leurs funeftes efforts:

„ Raffemblons nos vaiffeaux, allumons-y la foudre,

„ Et que ces nouveaux murs retournent dans la poudre

„ D'où PIERRE les tira... Mais que veut ce château,

„ Que vers Kotline on voit fortir du fein de l'eau?

„ Mille bouches d'airain, qui couvent la tempête,

„ Si nous voulons paffer menacent notre téte.

„ Par Cronflot, Pétersbourg, tu prétends m'arrêter?

„ Les Suédois pourront par terre t'aborder.

„ Volons vers leur monarque; excitons fon courage

„ A venir renverfer ce trop fatal ouvrage.

„ Affez & trop longtems il arrête fes pas,

„ En Pologne où fon roi ne lui réfifte pas.

„ Tous les momens font chers quand on foutient la guerre

„ Avec un ennemi moins vigilant que PIERRE.

„ Hélas! que mon héros avec cet empereur

„ Craigne d'avoir befoin de toute fa valeur.

N 2

Il dit & s'élançant des bords de la Ruffie,
Au-delà des forêts de la Lithuanie,
Il arrive en Pologne, où fon œil curieux
Contemple tous les pas des foldats furieux.
Il voit en mille endroits des maifons fourragées;
Des familles au loin tremblantes difperfées ;
Des magazins épars; des temples profanés;
Des villages entiers ruinés, abandonnés;
Des villes au pillage ou réduites en cendre;
Des peuples égorgés fans pouvoir fe défendre;
Des peres malheureux fur leurs enfans mourans,
Trembler, gémir, tomber eux-mêmes expirans;
Des filles dans les bras des foldats téméraires,
Reclamant, mais envain le fecours de leurs meres,
Au travers de cent feux leurs freres tout fanglans,
Pourfuivre avec grands cris leurs ravifleurs ardens.
Dans toutes ces horreurs, que les partis contraires
Commettent tour à tour fur leurs diverfes terres,
Perçant de leurs guerriers les tumultueux flots,
L'ange de la Suede aborde fon héros.

,, CHAR-

„ CHARLES ! montrez, dit-il, un génreux courage,

„ Et qu'en vous imitant on cefle le carnage.

„ Vous avez détrôné le roi des Polonais,

„ Donnez-leur avec gloire une honorable paix.

„ Un plus grand ennemi vous appelle & vous prefle,

„ La victoire à-préfent vers le Czar vous adrefle.

„ Courez, volez, héros ! l'autre digne de vous,

„ Au fein de fes états doit fignaler vos coups.

„ Loin de vous il triomphe, & pendant votre abfence,

„ Sous fes yeux une ville avec trop d'arrogance,

„ S'éleve de la terre, annonce fes exploits,

„ Il femble menacer Stokholme de fes loix.

A ces mots étonnans le fier rival de PIERRE,

Prend feu comme l'éclair & part comme un tonnere ;

Dit ces mots que fon camp fait par-tout retentir:

„ Allons brûler les murs que le Czar fait bâtir,

„ Qu'il bâtiffe une ville, il peut bien l'entreprendre,

„ Mais tout ce qu'il conftruit c'eft à nous à le prendre.

L'ange de la Ruffie en coulant dans les airs,

Recueille ces difcours, & comme les éclairs,

N 3

Pas-

Paſſent rapidement d'un pole à l'autre pole,
Ces diſcours vont au Czar parole pour parole.
L'ange qui les transmet affermit ſon grand cœur,
Et le Czar, s'avançant au devant du vainqueur,
„ Dit : que ſi CHARLES veut être un autre Alexandre,
„ Et mettre mon empire avec mon trône en cendre,
„ Il n'aura pas dans PIERRE un autre Darius,
„ Et qu'il puiſſe aiſément mettre au rang des vaincus
 Déja les deux héros arrivent en préſence,
CHARLES eſt brave, & PIERRE a de plus la prudence;
CHARLES veut le combat, PIERRE ſans l'éviter,
A des projets qu'avant il veut exécuter.
Par marche & contre-marche il conduit ſon armée,
Et fait croire qu'elle eſt du péril allarmée :
A l'ennemi par-tout il cede le terrein,
A ſa propre valeur mettant un ſage frein,
En quittant à propos des plaines inutiles,
Pour chicaner après des côteaux ou des villes;
S'appuyant d'autres fois de fleuves, de marais,
Et fatigant ce prince au travers des forêts,

Le

Le conduisit chez lui dans de stériles terres,
Ordinaire tombeau des troupes étrangeres;
Et sut habilement couper tous les chemins,
Par où pouvoient tomber des vivres dans ses mains.

Le fameux LOEVENHAUPT, conduisant à son maître,
Des troupes, des convois, qui l'auraient fait renaître,
S'était vu terrasser par le Czar acharné,
A détruire un secours qui l'eût enfin ruiné.
LOEVENHAUPT dépouillé; CHARLES, que rien n'étonne,
Sans vouloir dévoiler son secret à personne,
Prend un autre chemin que celui de Moscou,
Mais l'habile empereur pénetre où tend le coup.

Tournant vers l'orient CHARLES marche en Ukraine,
Païs fertile, heureux, riche & riante plaine,
Où le ciel bienfaisant a versé ses faveurs,
Où CHARLES des soldats veut ranimer les cœurs;
Se flatte de pouvoir rafraîchir son armée,
D'une immense traverse & de faim excédée;
Où CHARLES se promet des Cosaques guerriers
Un secours décisif & de nouveaux lauriers.

N 4

Les

Les Cosaques formaient une branche Tartare,
Mais peuple plus poli que ce monde barbare,
Dans la suite des tems il fut s'en séparer,
Et dans l'Ukraine enfin s'établir, s'épurer.
Sous cet aimable ciel leur ame se déploye,
Aux inspirations de la plus pure joye.
De leur cœur bienfaisant de leurs mœurs la douceur
N'a jamais amolli leur illustre valeur.
Peuple heureux si jamais il n'avait eu de traîtres,
Et si jamais leurs chefs n'avaient trahi leurs maîtres,
MAZEPPA, grand génie, & l'employant fort mal,
Fut par malheur pour eux leur trop cher général.
Page un peu téméraire en sa verte jeunesse,
Il osait être aimé de sa dame & maîtresse;
D'un si haut attentat son époux irrité,
Prend pour le châtier un cheval indompté,
Et l'attachant dessus le renvoye en l'Ukraine,
Où l'animal ardent le transporte & l'entraine.
MAZEPPA demi-mort de fatigue & de faim,
Trouve pour le sauver plus d'un Cosaque humain.

Bien-

Bientôt chéri de tous, ſes talens, ſon courage,
Lui donnent des emplois le plus brillant partage,
Et bientôt indulgens pour ſon ambition,
Les Ruſſiens l'ont fait chef de ſa nation.
Ce n'était pas aſſez pour ſon humeur altiere,
Il voulait s'acquérir une puiſſance entiere,
Et profitant du trouble où ſe trouvait ſon Czar,
A CHARLES contre lui prête ſon étendart.

C'eſt ainſi qu'on a vu dans les ſanglantes guerres
Que la France & l'Eſpagne avaient pour quelques terres
Le Portugais Bragance aſſiſté des Français,
S'ériger un royaume & dominer en paix.

MAZEPPA qui viſait au même point de vue,
Sonde ſa nation, la tente & l'évertue,
A délaiſſer le Ruſſe, à trahir l'empereur,
Qu'il peint pour leur païs un objet de terreur.
Mais à tous ſes diſcours le Coſaque fidele,
Oppoſe ſon devoir, ſon amour & ſon zele.
Quelques-uns cependant lui prêterent les mains,
Mais l'habile empereur ſut rompre leurs deſſeins.

Il fait marcher vers eux son aigle impériale,
Poursuit les révoltés jusqu'à leur capitale;
Et leur crime arrachant ses ordres rigoureux,
Est arrêté, puni par les plus justes feux.
C'est ainsi que l'on vit la perte d'une ville,
Au salut de l'empire être dès lors utile,
Et que ses magazins, ou ses trésors pillés,
Laissaient aux Suédois des amis dépouillés.
MAZEPPA fugitif suivi d'un petit nombre,
De tous ses grands secours offrant à peine l'ombre,
Entreprend d'inspirer l'espoir le plus flatteur,
Chez un roi qui jamais l'éloigne de son cœur.

Mais tandis que tous deux attendent la victoire,
Esperent des succès, se repaissent de gloire,
Leurs soldats affaiblis succombent à la faim,
Ayant trop de lauriers & n'ayant point de pain.
Mais leur succès passé soutient leur confiance,
Et les trésors Saxons payent leur subsistance,
Sans le secours du fer tout périssait enfin,
Lorsqu'arrive un débris de quelque magasin.

Au.

Autour de ce tréfor mille foldats livides,

Uniffent leurs regards impatiens, avides.

Il eft vrai que chacun obtient peu d'alimens,

Mais il en ufe affez pour refaire fes fens.

Par cet heureux fecours reffufcite l'armée,

Et pour d'autres exploits elle eft encouragée.

„ Profitons de l'inftant, dit alors MAZEPPA,

„ Courons aux magazins du riche Pultava.

„ Affiégeons-le, grand roi! malgré fa réfiftance,

„ Vos foldats nageront bientôt dans l'abondance.

„ Des meilleurs alimens un précieux tréfor,

„ Fera pour eux renaître un fecond fiecle d'or.

Allons, dit ce héros, & que pour notre gloire,

Ces vivres foient le prix d'une infigne victoire.

Mais c'eft où l'attendait un héros plus prudent,

Qui n'attend point du fort quelqu'heureux incident:

Qui de loin prévoit tout, force les avantures,

Les tourne en fa faveur par d'habiles mefures,

Laiffe les ennemis combattre fous fes murs,

Pour leur porter après des coups d'autant plus furs.

Loin

Loin que de Pultava PIERRE empêche le siege,
Contre ses ennemis il fait en faire un piége,
Les y laissant longtems sans relâche appliqués,
Pour mieux défaire après leurs soldats fatigués.

En effet Pultava fatiguait la Suede;
Mais l'armée à ses maux n'espérait de remede,
Qu'en le faisant tomber sous ses plus vifs efforts,
Qu'en prenant ses greniers & conquérant ses forts.
L'empereur cependant qui sent que son empire,
En perdant Pultava, se brise ou se déchire,
Sent qu'il est tems aussi d'agir & d'attaquer,
L'ennemi qu'il s'est mis en état de brusquer.
Le Russe par son ordre au combat se prépare,
Tandis que, passant l'eau, le vagabond Tartare,
Annonce aux Suédois qu'il faut vaincre ou périr,
Le Czar de son côté voulant vaincre ou mourir.

Renouvellez mes chants, vous! glorieux génie!
Qui fîtes triompher l'aigle de la Russie,
Et de son empereur les précieux destins;
Destins d'où dépendait le sort des Russiens;

Des-

Deftins, qui, foutenus avec courage & gloire,

Eurent fur la Suede une entiere victoire.

Venez puiffant génie! accourez à ma voix!

Et foutenez ma main pour graver tant d'exploits!

Peignez avec le fang l'acharnement horrible,

Qui fignala ce jour dans ce combat terrible!

Je n'ai pas ce courage, & ma jufte frayeur

Eteint de mon efprit la vie & la chaleur.

J'entends déjà fonner l'inftrument de la guerre,

Cet inftrument barbare appellé militaire,

Que les cruels humains, infenfés, odieux,

Firent pour s'exciter à s'entr'égorger mieux.

CHARLES les yeux ardens s'avance hors des lignes,

Suivi d'un gros choifi de fes braves infignes.

LOEVENHAUPT & REINSCHILD guident fes fiers foldats,

Qui fe faifaient toujours un jeu de leurs combats.

Chaque troupe fuivant le drapeau qui la mene,

Débouche de fon camp & s'étend dans la plaine.

CHARLES, déjà bleffé porté fur un brancart,

Parait aux Suédois le plus fûr étendart,

Qu'il

Qu'il puisse accompagner pour aller à la gloire,
Croyant voir dans ses yeux resplendir la victoire.
„ Mes amis, leur dit-il, aux champs de Pultava,
„ Finiront vos travaux commencés à Nerva,
Par ce discours il veut animer leur courage;
Mais il est malgré lui d'un sinistre présage,
Et son sens équivoque annonce en ces deux mots,
Que la mort, la prison, finiront leurs travaux.

  Les Russes n'étaient plus ces troupes ramassées,
Que Nerva sous ses murs avait vu disperfées;
PIERRE avait travaillé pour conduire au combat,
Le Russe digne enfin d'être appellé soldat,
De se créer un nom sur tout notre hémisphère,
Nation digne enfin de se nommer guerriere.
PIERRE digne dès lors d'être nommé le grand,
Qui, quoique faisant tout, officier du bas rang,
Menait ses Russiens, les rangeait en bataille,
Foulant d'un pié léger un champ de funeraille.
Les Russes avec ordre avancent sous ses yeux,
Et voyent sans pâlir le moment périlleux.

Ils marchent fiérement fans ces clameurs barbares,
Que le Czar profcrivait & laiffait aux Tartares.
Leurs armes, leur acier, rayonnans au foleil,
Leur filence, tout fait un terrible appareil.

    Alors PIERRE qui voit cette pompe avec joye,
,, S'écrie : mes enfans, vous voyez votre proye;
,, L'ennemi dans vos mains eft venu fe livrer,
,, Mais des fiennes auffi cherchez à vous fauver;
,, Ce n'eft pas en fuyant, ni cherchant à vous rendre,
,, Le fer que vous tenez vous doit feul tous défendre.-
,, Au furplus faites feu fur le premier fuyard,
,, Et fi votre Czar fuit, tirez fur votre Czar.

    Il dit & dans l'inftant de la voix & du gefte ;
Il donne le fignal d'une maniere lefte,
Et fon courfier fougueux, fuperbe de fon poids,
Semble aux autres courfiers vouloir donner des loix.
Tout marche, met en joue : une flamme rapide
Pouffe de toutes parts une balle homicide :
Des deux côtés fe fait un feu vif & roulant,
Qui fait voler la mort & brife chaque rang.

Le

Les bouillans Suédois emportent la redoute,
Que PIERRE avait conftruit pour arrêter leur route.
Mais tandis qu'ils voulaient attaquer d'autres forts,
Notre Czar fond fur eux à la tête d'un corps.
On fe bat, on fe preffe avec plus de furie,
C'eft moins un combat qu'une affreufe tûrie.
La foule des foldats ferre fi fort les rangs,
Qu'elle foutient debout les morts & les mourans.

Menzikoff, qui frémit du danger de fon maître,
Cet heureux favori, que le Czar fut connaître,
Qui chez les Polonais vainquit les Suédois,
Accourt pour faire ici quelques nouveaux exploits.
Le zèlé Gallitzin, Gallowin l'intrépide,
Voulans fe diftinguer par un coup qui décide,
Chacun de leur côté fondent fur l'ennemi,
Environnent le Czar, & triomphent fous lui.

Les Suédois pouffés font face & fe roidiffent.
Mais preffés par les flancs enfin ils s'affaibliffent,
Ils cedent, on avance, ils perdent du terrein,
Malgré tous les efforts d'un héros fouverain.

C'eft

C'eſt envain qu'il combat, qu'il crie & les excite;
Renverſés par le Czar, qui talonne leur fuite,
Ils vont ſe rallier ſous les yeux de leur roi;
Un reſte de valeur leur en faiſait la loi.
CHARLES dans un moment raſſemble ſon armée,
Vers ſa gauche en bataille elle eſt bientôt rangée.
Le vainqueur s'en étonne, & le ſort incertain
Semble vouloir encor s'arracher de ſa main.

   Mais tandis que le Czar recommence une affaire,
Que l'on croyait finie avec victoire entiere,
Qu'il change ſa bataille, & par un plan plus beau
Sur CHARLES ſe prépare un triomphe nouveau.
Des Suédois altiers le ſuperbe génie,
Et tous les fiers eſprits qui ſuivent ſa furie,
Oſerent défier l'ange des Ruſſiens,
Cherchans à renverſer ſes trop heureux deſtins.
Le cœur encor enflé des victoires paſſées,
Que l'ange de Ruſſie a toujours traverſées,
Ces eſprits courageux viennent pour l'attaquer,
Croyans que leurs efforts pourront le ſubjuguer.
O

Mais

Mais le puiſſant eſprit d'une Ruſſie immenſe,
Par l'arrêt du deſtin fait ſentir ſa puiſſance.
Ils lui cedent voyans qu'il eſt ſupérieur,
Frémiſſans de prévoir le Ruſſien vainqueur.

    Charles s'accoutumant à dompter la nature,
Mépriſait la douleur de ſa vive bleſſure;
Mais il était ſenſible au noir preſſentiment,
Dont il eſt en ce jour ému cruellement.
Cependant ſon ardeur que rien ne peut abbattre,
Lui donne le conſeil d'attaquer, de combattre.
Une ſeconde fois il s'y laiſſe entraîner,
Son courage voyant de la gloire à gagner.
C'eſt ainſi qu'un feu vif que l'on ne peut étcindre,
Et qu'on voit conſumer tout ce qu'il peut atteindre,
Devient plus dévorant à force de brûler,
Et faute d'aliment eſt facile à dompter.
De même on voit le roi faire agir ſon armée,
Et du feu, qu'il lui ſoufle, ardemment enflammée,
Bruſquement l'envoyer éprouver le hazard,
En ſe diſſimulant l'héroïsme du Czar.

PIER-

PIERRE, dont la prudence éclaire le courage,
De tout événement tire son avantage,
De CHARLES arrêta le soufle dévorant,
Réduisant son armée au plus affreux néant.
Au moment que s'ébranle une premiere ligne,
Il la prend sur le tems en capitaine insigne,
Et son choc imprévu, surprenant les soldats,
Fait perdre l'équilibre à leurs rapides pas.
Renversés l'un sur l'autre, & le corps en arriere,
Aux premiers coups du Russe ils sont portés par terre;
Et le reste, qui fuit une imminente mort,
Trouble les autres rangs & brise leur effort.
PIERRE alors, se faisant un rapide passage,
Au milieu de leur camp fait entrer le carnage,
Et contraint le héros, son rival furieux,
De lui céder le champ & de fuir à ses yeux.

C'est ainsi qu'autrefois ce grand foudre de guerre,
Ce Pompée, autrefois la terreur de la terre,
Le plus grand des humains, mais moins grand que Céfar,
De la gloire à la fin lui cede l'étendart.

O 2

CHAR-

CHARLES toujours héros, mais moins héros que PIERRE,
De la victoire aussi lui cédant la banniere,
Fuit chez les Ottomans loin de son ennemi,
Tout aussi belliqueux, mais plus prudent que lui.
Il laisse dans ses mains, & chargés de ses chaînes,
Tous ses meilleurs soldats, ses braves capitaines,
Entr'autres plus fameux REINSCHILD guerrier ardent,
Et PIPER de son roi ministre confident.

De CHARLES cependant le sort est déplorable,
Mais pour l'habile Czaf sa fuite est redoutable ;
CHARLES de son armée entraînait les débris,
PIERRE croit n'avoir rien si CHARLES n'est pas pris.
Le Czar, comme Céfar, l'exemple de la guerre,
Qui croit n'avoir rien fait s'il reste encor à faire,
Envoye sur les pas de CHARLES fugitif
Un courtisan fidelle & général actif.
MENTZIKOFF en effet digne de cette gloire,
Pourfuivit le héros, le prix de la victoire.
Il en fuivit la trace en des païs perdus,
Où les morts lui montraient la route des vaincus.

Il atteint à la fin la troupe infortunée,

Qui, le voyant de loin, fe range en corps d'armée,

Tandis que fon grand prince, ignorant le danger,

Court pour chercher au loin un fecours étranger.

MENTZIKOFF arrivé, LOËWENHAUPT s'écrie:

„ Arrête MENTZIKOFF, ou crains notre furie.

„ Si tu veux enchaîner un refte infortuné,

„ Ce ne fera qu'après qu'on m'aura défarmé.

„ Au travers de ce cœur il faudra que ta rage,

„ Vienne à nos Suédois & s'ouvre le paffage.

Ainfi dit LOEWENHAUPT, LOEWENHAUPT orgueilleux,

Du nom des Suédois par cent exploits fameux.

Souvent brave, hardi, quelquefois téméraire,

Souvent trop de fang froid, à lui-même contraire,

Pour fauver fon monarque & quelque ferviteur,

Il eut la fermeté de trahir fa valeur.

MENTZIKOFF plus hautain dans fa faveur extrême,

Brûlant d'un zele ardent pour fon maître, qu'il aime,

Croit qu'il faut pour le Czar être brave en tout tems,

Et qu'il ne faut garder aucuns ménagemens.

O 3

Il

Il voit avec dépit qu'on l'amufe & l'arrête,
Tandis qu'avec le tems fuit la royale tête,
Qu'il fe flattait déjà de ramener au Czar,
Mais de qui LOEWENHAUPT veut être le rempart.

MENTZIKOFF, qui prétend qu'on cede à fa puiffance,
S'indigne. Eh quoi! dit-il, LOEWENHAUPT en défenfe?
„ Eh quoi donc! d'un vaincu l'étonnante fierté,
„ Méprife d'un vainqueur la trop grande bonté?
„ Faifant de fon courage une parade vaine,
„ Croit-il rendre entre nous la fortune incertaine?
„ Ne veut-il point narguer la victoire en mes mains,
„ Et combattre du Czar les triomphans deftins?
A fon cheval fougueux MENTZIKOFF lâche bride,
Et fond fur LOEWENHAUPT, qui d'un air intrépide
Le voit venir, & met fon courfier en état
De fournir fous fa main un vigoureux combat.

MENTZIKOFF, empoignant une lame acérée,
Témoigne en l'agitant fa hauteur irritée;
Il joint fon ennemi, qui tranquille & prudent
Voit mieux venir les coups & les pare en voltant;

Et

Et fon courfier faifant d'inégales courbettes,

Pour ajufter les coups ne laiffe point d'affiettes,

Tandis qu'inquiétant le cheval oppofé,

Il menace toujours de le prendre en côté.

Pour fuir cet accident MENTZIKOFF prend le large

Fait par la pirouette une plus vive charge.

Mais l'adroit LOEWENHAUPT, éparant fon courfier,

Fait craindre la ruade à fon rival altier.

Il l'évite, & fuivant fa fougue impétueufe

Il fait fur LOEWENHAUPT la paffe furieufe.

LOEWENHAUPT l'arrêtant lui dit avec fang froid,

„ Je me rends à préfent que j'ai fauvé le roi.

„ Pendant le tems heureux qu'a duré mon manege,

„ Mon prince a pu laiffer loin de lui votre piege.

„ Je me rends & finis d'inutiles combats,

„ Gardant pour d'autres tems fes courageux foldats.

„ Ces malheureux guerriers qui fe traînent à peine,

„ Ne perdront point leur gloire en prenant votre chaîne.

„ Peut-être un jour viendra que triomphans, heureux'

„ Ils ne verront perfonne être plus glorieux.

O 4

Ayan

Ayant lâché ces mots trop pleins de confiance,
Loewenhaupt rougiffant conduit en fa préfence
D'un refte Suédois les flots tumultueux,
Qui frémiffent fuivans le chef victorieux.
On offre à notre Czar cette troupe enchaînée;
Il confole chacun lui rendant fon épée.
„ Soyez libres, dit-il, & peuplez mes états;
„ Contre moi vous étiez de généreux foldats,
„ Devenez mes enfans, & foyez-nous utiles;
„ Allez en Sibérie, & portez dans nos villes
„ Vos précieux talens, vos arts, & vos métiers,
„ Pour vivre en paix laiffez vos fatiguans lauriers.
PIERRE, en parlant ainfi, cachait avec fageffe
Le fecret déplaifir que lui fait & lui laiffe,
CHARLES qui fe retire aux confins Ottomans,
CHARLES qui lui prépare encore des tourmens.
De ce prince il connaît les haines obftinées,
Du Croiffant il prévoit les adroites menées.
Il prévoit que les Turcs feront fervir ce roi,
De prétexte apparent pour lui manquer de foi.

Il

Il fent que fon triomphe & fa nouvelle ville,
Que tout enfin fera fans fuccès & fragile,
Si le fier-Suédois entiérement dompté,
Ne s'engage à la paix par le plus faint traité.
PIERRE à ces embarras oppofe fon courage,
Et fon ame élevée en fait fon doux partage.
Plus l'obftacle, ou danger, eft vifiblement grand,
Plus il eft digne auffi d'un cœur du premier rang.

LA

LA PETREADE

O U

PIERRE LE CREATEUR.

CHANT NEUVIEME.

L'amour chez les héros, l'amour chez mille princes,
Eſt un délaſſement du ſoin de leurs provinces ;
PIERRE le rend utile au bonheur des ſujets,
Il s'en fait feconder dans ſes plus hauts projets.
Il fait plus, il s'en fert pour calmer les allarmes,
Que répand dans les cœurs le tumulte des armes,
Cet amour combattant pour eux dans les dangers,
Fait fuccéder la joye aux malheurs paſſagers.

Cet

Cet amour bienfaifant, noble & pur en fa flamme,
Fait fon brillant féjour au fond d'une belle ame;
Avec gloire il en fait fon plus pompeux palais,
Où, banniffant le trouble, il vit & regne en paix.
Ses plus beaux ornemens font la vérité pure,
Appanage facré de la fimple nature,
L'honneur & le courage ornés du fentiment,
Qui fait briller l'amante & fignale l'amant.
Jamais le noir foupçon, la baffe jaloufie,
Tenans en main le fer, les poifons de l'envie,
De leurs jours glorieux interrompant le cours,
Ne peuvent violer le plus faint des amours.

Ce fage amour cachait au fein d'une captive,
D'une pauvre étrangere inquiete & craintive,
Ses plus heureux tréfors, fes nœuds les plus puiffans,
Pour enchaîner auffi le plus grand des amans.
On y voyait briller mille vertus aimables,
Dont fa beauté rendait les dehors admirables,
Préfentant aux regards éblouis de fes traits,
D'un air noble & divin les plus touchans attraits.

Ces

Ces dons & ces vertus annoncent l'héroïne,
Qui sur terre illustra le nom de CATHERINE,
Du fond de l'infortune un regard des destins,
L'éleve pour régir les heureux Russiens.
Notre PIERRE, du sort réparant le caprice,
Vangera ses vertus en leur rendant justice,
Et la main du héros en lui donnant son cœur,
Doit aussi lui donner la suprême grandeur.
  L'esprit qui protégeait les états de Suede,
Voyait dans l'univers un unique remede,
Pour détourner le Czar de ses soins dangereux,
A la gloire, au repos de son roi malheureux.
Dans les plaisirs impurs voulant endormir PIERRE,
Il vole aux bords lascifs de l'antique Cythere,
Où l'impudique amour reçoit un doux encens,
Où tout ce qu'on respire amollit tous les sens.
L'ange de la Suede en est ému lui-même ;
Il en ressent, quoiqu'ange, une langueur extrême ;
Il en conclut que l'homme, à plus forte raison,
Peut difficilement éviter son poison.

Il s'applaudit croyant bientôt fubjuguer PIERRE,

Avec les feuls fujets de l'ifle de Cythere;

Il parcourt fes réduits cachés & ténébreux,

De chaque nimphe obferve & le gefte & les yeux.

    Abordant les beautés qui font les plus brillantes,

Il fe voit entourer par les plus femillantes,

Et d'un air careffant il leur dit: „ Suivez-moi,

„ Vous vaincrez le vainqueur de mon malheureux roi.

„ Pour rendre mon héros en tout tems invincible,

„ Jufques dans l'infortune admirable & terrible,

„ J'ai détourné fes yeux des plus grandes beautés,

„ J'ai révolté fon cœur contre les voluptés.

„ De CHARLES l'ennemi, ce PIERRE redoutable,

„ Pour vos touchans appas devenu plus traitable,

„ Vangera votre gloire, & vous comblant d'honneurs,

„ Par fon exemple enfin vous foumettra les cœurs.

Il dit: & choififfant les nimphes les plus belles,

Il les porte à Mofcou fur fes puiffantes ailes,

Au travers des païs de l'empire amoureux,

Pour leur faire cueillir fes poifons dangereux.

Les

Les expofe aux regards de notre illuftre PIERRE,
Leur donnant le grand art d'amufer & de plaire,
Et du Czar difpofant les defirs & l'ardeur,
A devenir le prix de leur ton enchanteur.

Ainfi que cent héros le Czar jeune & volage,
Aimait de ces beautés le féducteur langage ;
Dans leurs bras amoureux, dans leurs amufemens,
Son efprit recherchait quelques délaffemens.
Mais fon cœur vafte & grand du fentiment avide,
Dans tous leurs vains plaifirs languiffant, toujours vuide,
Defire tel objet qui puiffe le remplir,
Qui par fon vrai mérite y verfe un vrai plaifir.
Qui reçoive en fon fein fes plaifirs & fes peines,
Et qui de fa grandeur l'aide à porter les chaînes,
Soulageant des fujets les befoins & les pleurs,
Partageant fes travaux ainfi que fes honneurs.

L'ange de la Ruffie examine avec joye,
La falutaire idée où PIERRE fe déploye.
Du fond des plus hauts cieux il vole à fon fecours,
Et fait naître pour lui l'aurore des beaux jours.

Il

Il conduit son héros, le mene avec adresse
Vers celle à qui le sort destine sa tendresse,
Sa main, sa confiance, & son trône puissant,
Son sceptre pour régir un état florissant.
Celle à qui les destins réservaient tant de gloire,
Et qui devait briller au temple de mémoire,
Comme nouvelle Esther prisonniere en ce jour,
La terre semble à peine en son vaste contour,
Vouloir lui procurer le moindre des aziles.
Quel sort pour qui devait gouverner tant de villes!

L'empereur en passant l'apperçut par hazard,
Et sa fierté rougit de la gloire du Czar.
Son secret sentiment n'échappe point à PIERRE,
Il y connaît le sceau d'une ame noble & fiere,
Qui sentant son cœur né pour l'élevation,
En ressent plus le poids de son abjection.
Il s'arrête, il lui parle, observe sa personne,
Et plus il l'examine & plus son cœur s'étonne.
Un secret mouvement, & non développé,
L'attache à cet objet dont il se sent frappé.

Il

Il se rappelle enfin de l'avoir vue en songe,

Divin rêve où le tems n'a pu passer l'éponge!

    PIERRE avait dans son cœur conservé, traits pour traits,

Son air majestueux & ses tendres attraits.

Ce sont ses yeux brillans & sa charmante bouche,

Cette aimable douceur qui séduit & qui touche,

Mais qui n'empêche point ce ton suprême & grand

Qui plaît souvent aux rois, qui même les reprend.

Sur son visage heureux on voit briller son ame,

Qui semble y rayonner d'une céleste flamme,

On y voit cent vertus exprimer leurs beautés,

Et leur gloire divine aux regards enchantés.

Le courage y paraît s'unir à la prudence,

La fierté s'allier avec la bienveillance,

L'habile politique à l'aimable candeur,

La fermeté s'unir à la noble douceur,

L'agréable enjoument à l'austere sagesse,

Et l'héroïsme enfin s'unir à la tendresse.

De beautés, de grandeurs ce parfait composé,

Par la belle nature est si bien nuancé,

Qu'il

Qu'il femble à notre Czar que l'effence divine
Avait fait fon chef-d'œuvre, en formant CATHERINE,
   PIERRE bénit alors le deftin bienfaifant,
Qui de tout tems lui garde un fi rare préfent.
Il ofe défier la fortune ennemie,
De pouvoir obfcurcir la gloire de fa vie.
En élevant à lui ce magnanime cœur,
Il croit fe le créer en nouveau créateur ;
Et dans le beau tranfport qui fait agir fon ame,
Il offre à CATHERINE & fon fceptre & fa flamme.
,, Vous êtes, lui dit-il, du monde l'ornement,
,, Ayez-en donc l'empire & le gouvernement :
,, Vous êtes des hauts cieux le plus brillant miracle,
,, Que la terre à vos piés me foit un doux fpectacle !
,, A peine un fimple quart fubira vôtre loi,
,, Pour vous dédommager régnez auffi fur moi.
   PIERRE parlait encore, & le plus doux murmure
Paraiffait l'applaudir dans toute la nature,
Et mille & mille efprits plus légers que l'éclair,
Par l'ordre du génie accoururent de l'air.

Vinrent plufieurs effains de Silphes, de Silphides,
D'Efprits aëriens que les Payens perfides
Adorerent jadis au-lieu du Créateur,
Et qu'un grand Gabalis priva de cet honneur.
Ils étaient les amours, les ris, les jeux, les graces,
Qui menaient les plaifirs fur leurs légeres traces;
Suivans en tout païs & Vénus & l'Amour,
Qui leur formaient par-tout une brillante cour.

Aujourd'hui ces efprits à la voix du génie,
Accourent à l'envi vers l'heureufe Ruffie,
Pour fervir nos époux qui dans ce charmant jour,
Ont réconcilié l'hymen avec l'amour.
Unis aux Ruffiens, & remplis d'allegreffe,
Les efprits vont fervir leur nouvelle maîtreffe,
Les uns viennent offrir des couronnes de fleurs,
Pour mieux fignifier fon regne fur les cœurs;
Les autres s'enchaînans dans de fortes guirlandes,
Font de leurs libertés de finceres offrandes;
On voit de quelques-uns l'officieufe main,
Des plus rares bijoux faire briller fon fein.

De

De cent efprits follets une troupe enjouée
Prend de notre héros la redoutable épée.
Tous courent auffitôt, & viennent l'admirer;
Mais ils frémiffent tous, & n'ofent la tirer.
CATHERINE en fourit, & bientôt fa penfée
Gémit de fe voir femme & d'être défarmée.
Mais l'époufe du Czar s'en confole à la fin,
Voyant que comme femme elle a reçu fa main.
„ Seigneur & cher époux, lui dit cette héroïne,
„ Jurez qu'à vos côtés la tendre CATHERINE
„ Pourra toujours marcher & combattre en tous lieux,
„ Que ce fer ne pourra fe tirer qu'à fes yeux.
  Elle dit: & du Czar la tendreffe effrayée,
Cherche à lui faire perdre une telle penfée.
Mais par un nouveau trait & d'amour & d'ardeur,
Il l'expofe au péril que defire fon cœur,
Croyant que la Ruffie admirant l'héroïne,
N'enviéra point le trône auquel il la deftine;
Et que le Ruffe encor fera trop glorieux,
D'avoir une princeffe émanée des cieux.

Com-

Comme on vit autrefois dans l'ancienne Judée,
Qui defira des rois pour être gouvernée,
Les tribus avec joye en David adorer,
Le chrême dont le ciel l'avait fait confacrer.

Tandis qu'à fon amour l'heureux couple s'applique,
Qu'ils font briller tous deux leur tendreffe héroïque,
La politique active avait les yeux ouverts,
Et du Czar ménageait les intérêts divers.
Ses yeux vifs & perçans du fond de la Ruffie,
Obfervaient tous les pas de CHARLES en Turquie;
E fpionnaient fes dits, éclairaient fes deffeins,
Suivaient tous fes agens dans leurs fecrets chemins.
Elle fait pénétrer que le roi de Suede,
Qu'on croyait accablé fans efpoir de remede,
Veut remuer le poids dont il eft furchargé,
Et voir par l'Ottoman fon défaftre vangé.
La politique fent les adroites intrigues,
Qu'on employe au ferrail pour y faire des ligues,
En faveur de ce roi contre un trop heureux Czar;
Pour y faire arborer ce terrible étendart,

Qui

Qui fait favoir au peuple, à l'ardent janiffaire,

Que leur Sultan déclare une importante guerre.

Souvent pour réuffir dans les plus grands projets,

On fait tenter le fort par les plus vils fujets.

Mais quand on réuffit tout devient légitime,

C'eft le chef-d'œuvre heureux d'un efprit grand, fublime.

Un feigneur Polonais, efprit fouple & ardent,

Entreprenant, hardi, mais rufé, fin, prudent,

Pour venir à fon but, remuant, téméraire,

Croyait que pour un bien l'on peut tout dire & faire;

Dangereux, malfaifant par principe d'honneur,

Pour tirer un héros du plus profond malheur.

Tel eft POGNATOFKY; c'eft ainfi que l'on nomme,

Ce fingulier mortel, cet ingénieux homme,

Digne d'être employé par l'ange Suédois,

Et digne de fervir le plus actif des rois.

On le vit par un plan fecret, inconcevable,

Se fervir d'un fujet ftupide & méprifable,

Afin de parvenir bien plus facilement

A fubjuguer l'avis du Confeil Ottoman.

P 3

Du

Du dedans du ferrail une efclave naïve,
Sous quelqu'efpoir de gain ménageait une juive,
Dont l'ame, marchandée au poids d'un or brillant,
Aurait pour l'obtenir mis en croix fon enfant,
L'adroit POGNATOFKY faifait dire par elles,
A la Sultane mere, avide de nouvelles,
Des fecrets dangereux à dire & rapporter,
Que l'imbécile efclave ofait feule conter.
Car ofer du divan attaquer les miniftres,
C'eft expofer fes jours à des lacets finiftres;
Et fi l'on n'abbat point le miniftre oppofé,
Il faut que fous fa main on fe trouve écrafé.

L'efclave, qu'aveuglait fa ftupide ignorance,
Répétait des difcours d'une affreufe importance,
Contre tous les vifirs trop portés à la paix,
Et plaifans peu dès lors au bouillant Polonais.
Dans le fond du ferrail la Sultane enfermée,
Pour charmer les ennuis occupait fa penfée,
D'une frivole intrigue & de quelque récit,
Ordinaire aliment d'un efprit rétreci.

Mais

Mais lorſqu'elle eut pris goût à ces hauts faits de guerre,
Que CHARLES avait dûs à ſon humeur altiere,
Au-deſſus de ſon ſexe élevant ſon eſprit,
Contre ſes ennemis elle parle & s'aigrit;
Et ne pardonne point au viſir téméraire,
Que l'eſclave accuſait de favoriſer PIERRE,
D'avoir reçu de lui des tréſors odieux,
Pour ne pas ſecourir un héros malheureux.

Ainſi POGNATOFKY par diverſes intrigues,
Auprès de la Sultane établiſſait ſes brigues;
Animait ſon courroux contre les fiers viſirs,
Pendant que devant eux il flattait leurs deſirs.
Par ſon manege adroit la Sultane irritée,
Et qui ſans voir le roi s'en était paſſionée,
Faiſant valoir pour lui tout l'honneur Ottoman,
Oſé parler en mere à ſon fils le Sultan.
Elle va le trouver avec toutes ſes graces,
Qui ſans vieillir jamais ſuivaient toutes ſes traces.
Sa beauté, ſon eſprit, ſon grand air, ſon grand cœur,
Annoncent pour ſon fils un puiſſant empereur.

P 4

Avec

Avec le souverain n'exposant point la mere,
Elle sut retenir sa confiance entiere.
„ Jusques à quand, dit-elle, en appuyant le ton,
„ Abandonnerez-vous mon courageux lion:
„ Ce généreux guerrier, cet infortuné prince,
„ Que vous laissez languir au coin d'une province?
„ Au-lieu que secouru contre le Russien,
„ Il ferait triompher votre nom & le sien.
„ Consultez-vous, seigneur, la gloire de l'empire?
„ Craignez-vous d'attaquer le Czar qui le déchire?
„ Fortifiant Asoff qu'il vous ravit des mains?
„ Maître de la mer noire & des païs voisins,
„ Attendez-vous, mon fils, qu'il entre dans Bisance,
„ Pour vous y faire voir jusqu'où va sa puissance?
„ Et qu'ayant enchaîné le Tartare & son Kan,
„ Il vienne en ce serrail insulter le Sultan?
„ L'or du Czar, me dit-on, a devancé ses armes,
„ Ce métail aux visirs offre beaucoup de charmes;
„ Celui-ci serait-il vainqueur d'un tel appas?
„ Le secret qu'il vous fait, ne le témoigne pas.

„ Com-

„ Comme votre fujette on m'avait vu me taire,

„ Mais la gloire aujourd'hui me fait parler en mere.

„ Ma Sultane parlez, lui dit le Grand-Seigneur;

„ Oui parlez quand le veut ma gloire ou votre honneur.

„ Vous m'apprenez, madame, une chofe nouvelle,

„ Le vifir s'en eft tû : ferait-il infidelle?.. ..

„ Sufpendons toutefois l'effet d'un prompt courroux,

„ De crainte de porter de trop injuftes coups.

Comme l'homme fouvent fe peint dans fa réponfe,

Par ces mots du Sultan la fageffe s'énonce.

Cœur haut mais fans fierté, fage & compatiffant,

Quand il veut fecourir il fe montre puiffant,

Et quand il veut punir il ufe de clémence;

Mais dans tous fes deffeins il a de l'inconftance,

Ayant de l'artifice une facrée horreur,

Contre lui feul il montre une jufte rigueur.

Pour tout dire en un mot, avec fang froid févere,

Sa fageffe toujours le guide & le tempere.

Tel était cet Achmet formé pour gouverner,

Pour avoir des vifirs dignes de mieux l'aider.

P 5

Ach-

Achmet mande le Kan des fidelles Tartares,
Brigands; mais moins que nous entr'eux fourbes, barbares,
On voit dans le cœur vrai, dans la valeur du Kan,
Un digne fucceffeur au fang de l'Ottoman.
Du fin Pognatofky le manege ordinaire,
N'avait pas trop befoin d'enflammer fa colere;
Apportant à Bifance un dépit violent,
Ce Kan veut contre Pierre armer tout l'Orient.
Il dépeint au Sultan le Czar & fon armée,
S'emparans par Afoff des clefs de la Crimée,
Pour venir attaquer jufques dans le divan,
Jufques dans le ferrail le trône du Sultan;
Il lui dépeint auffi l'antique Sarmatie,
Comme un autre entrepôt des troupes de Ruffie,
Et moins pour protéger le roi des Polonais,
Remonté fur le trône & gouvernant en paix,
Que pour s'ouvrir par-là quelque nouvelle entrée,
Qui rende fur les Turcs l'entreprife affurée.

Permettez, pourfuivit le prince Criméen,
Pour mieux déterminer le Sultan incertain,

„ Per-

„ Permettez-moi, feigneur, fur ma loi, fur ma vie,

„ Que je prouve au vifir un trait de perfidie,

„ Qui finit de combler fon infidélité,

„ Crime que fes pareils traitent d'habileté.

„ Du pié de votre trône un ordre redoutable,

„ Fit paffer en Pologne un exprès trop coupable,

„ Pour déclarer au Czar qu'il eût à retirer

„ Les milliers de guerriers qu'il y faifait entrer.

„ Cet exprès du vifir fut fon neveu fidele,

„ Mais pour fon empereur un traître, un infidele.

„ Il vous dit qu'en Pologne aucun des Ruffiens

„ Ne pouvoit s'y trouver les armes dans les mains.

„ Mes envoyés, vos Turcs, & la Pologne en flamme,

„ Tout dément à grands cris un impofteur infame.

„ J'ai parlé: c'eft à vous, feigneur, de réfléchir;

„ Et quand vous parlerez, c'eft à moi d'obéir.

Ces mots font dits pour vous, miniftres des provinces,

Avant que d'obéir avec courage aux princes,

Ofez montrer les droits de la jufte équité,

Ainfi que fit ce prince au Sultan irrité.

Du

Du Sultan le courroux allait... mais sa prudence,
Lui dicta de garder un austère silence.
D'un maître courroucé le silence effrayant,
Aux présens fait passer plus d'un cruel instant.
Et de sa volonté l'incertitude affreuse,
Plus que ce que l'on craint est dure & douloureuse.
Le Kan qui comprenait que lorsque le Sultan,
Pour les bords Criméens, l'avait couronné Kan,
D'une façon suprême avait paru lui dire:
„ Ou l'exil, ou la mort, te donne mon empire,
„ Si tu m'es infidelle, ou si tu me déplais;
„ Tant que tu me plairas regne & gouverne en paix.
Ce roi subordonné malgré tout son courage,
N'avait pu du Sultan observer le nuage,
Sans craindre les éclairs de son ressentiment,
Qui pouvait bien vanger son visir confident.
De mille souverains différente maxime!
Les amis du Sultan s'effaçaient par le crime.
Il mande le visir, & son crime prouvé,
D'un coup-d'œil le Sultan l'a bientôt reprouvé,

Et

Et réduit fa grandeur au néant de la poudre,
Comme un premier éclair, qui part avec la foudre,
Peut d'abord terraffer le plus haut des cyprès,
Et jetter les débris fur les tremblans guérets.
Un autre grand vifir eft fait à l'heure même,
Auffi facilement qu'une force fuprême,
Peut élever de terre un rofier languiffant,
Et lui donner bientôt un état floriffant.

    „ Vifir, dit l'empereur, reçois ce cimeterre,
„ Que la gloire & l'honneur le guident contre PIERRE;
„ Plus ce héros eft grand, puiffant, victorieux,
„ Plus fa perte rendra mon trône glorieux.

    Il dit : & le vifir quittant Conftantinople,
Tranfporte l'étendart aux plaines d'Andrinople,
Cet étendart facré pour les bons Mufulmans,
Qui renverfa jadis vingt empires puiffans.
Tandis que d'Adrien ville ancienne & commode,
Vous voyez fous vos murs le bacha, le defpode
Raffembler à l'envi leurs foldats par milliers,
Et menacer de loin le plus grand des guerriers;

                        Ac-

Accourant par les airs l'active renommée,
Pour l'utile héros déjà toute allarmée,
Vient trouver notre Czar dans les bras de l'amour,
Et lui peint le danger dans le plus affreux jour.
Elle dit en tremblant & sans reprendre haleine,
Qu'un monde formidable & que l'on compte à peine,
S'assemble chez le Turc pour venir l'attaquer,
Ou plutôt pour venir brusquement l'écraser.
Elle dit que l'on voit la fougueuse Romagne,
Jointe aux Bulgariens s'avancer en campagne;
Ils sont aussi suivis des braves Transilvains,
Soldats les plus hardis des Turcs Européens;
Elle redit les noms des peuples de l'Asie,
Dont un seul pourrait faire une armée accomplie,
Et qui suivent déjà les drapeaux Ottomans,
Les Paphlagoniens & les fiers Turcomans,
Lydiens, Syriens, & ceux de Phœnicie,
Le Diarbeck entier, Trébisonde & Georgie,
Les Arabes zélés, & les Barbariens,
Tous les princes vassaux, & les Egyptiens;

Ces

Ces peuples réunis, difait la renommée,
Marchent enveloppés d'une immenfe nuée,
De Tartares cruels & de proye affamés,
Et de brigands légers au maffacre acharnés,
Qui groffiffant par-tout fur leur longue carriere,
Entraînent fous leurs pas les trois quarts de la terre,
Comme du haut des monts les neiges s'écroûlant,
Forment d'affreux amas, en fe précipitant,
Et comblant les vallons de leurs maffes taffées,
Font gémir fous leur poids les villes écrafées ;
De-même auffi des Turcs les guerriers s'entaflans,
Menacent d'écrafer les Ruffes fous leurs camps.

    Le Czar à ce difcours, fe poffédant en fage,
Pour braver le danger le voit avec courage ;
Pour détourner les coups il penfe & réfléchit,
Pour en porter lui-même, il ordonne, il agit ;
Et du fort éloignant les fatales injures,
Il prend, tout en courant, les plus fages mefures ;
Pour attaquer les Turcs jufques dans leurs remparts,
Il prévient l'ennemi, devance les hazards.

Ainſi qu'un Annibal il veut de cette guerre,
Faire loin des ſujets une guerre étrangere;
Rejetter dans le ſein du Turc épouvanté,
La terreur & les feux dont ils l'ont menacé.
Son armée aguerrie a promis la victoire,
Ayant à ſoutenir & le Czar & ſa gloire;
Mais alors les deſtins, pour la mieux épurer,
Par un revers cruel voulurent l'éprouver.

PIERRE avait oublié la viſion céleſte,
Qui menaçait ſes camps d'un déſaſtre funeſte,
Un ſouvenir confus, comme un ſonge paſſé,
N'offrait à ſon eſprit qu'un portrait effacé.
Il n'y pouvait plus voir quelle infortune extrême,
Expoſait ſes ſujets, ſes troupes & lui-même;
Et l'unique chagrin qui tourmentait ſon cœur,
Regardait en ce jour l'objet de ſon ardeur.
Au moment qu'il courait aux périls, aux allarmes,
CATHERINE à ſes yeux brillait de plus de charmes,
De charmes ſi piquans que pour plaire à nos yeux,
La vertu ne peut prendre un air plus gracieux.

D'un

D'un côté cette époufe, & de l'autre la gloire,
Difputent dans fon cœur tour à tour la victoire:
Souvent il haïffait tout ce brillant honneur,
Et que loin d'une époufe achete la valeur.

Sans ceffe regardant la tendre CATHERINE,
Son courage voulait en faire une héroïne;
Son cœur lui confeillait de venir aux combats,
Pour conduire avec lui fes fideles foldats;
De chercher fes plaifirs au milieu des allarmes,
D'accoutumer l'amour au tumulte des armes;
De rendre dangereux fon fexe aux ennemis,
De fe montrer au Ruffe une Sémiramis.
Mais d'un autre côté les périls & les peines,
Que Mars a raffemblé dans fes fatales plaines,
Arrêtent notre Czar, qui ne peut fans horreur
Expofer aux dangers le tréfor de fon cœur.

CATHERINE lifait au fond du cœur de PIERRE;
Les efprits élevés fans voile, ni miftere,
Comme les purs efprits favent fe pénétrer,
Peuvent fe dire tout fans rien fe proférer.

Q

Catherine enfin parle, & plein de complaifance,
Il écoute un difcours qui cependant l'offenfe;
Qui l'effraye & lui plait, & dont le ton hardi,
Impofe le filence à fon cœur interdit.

„ Jufques à quand, difait fa généreufe époufe,
„ Hommes trop fiers & vains! votre efpece jaloufe
„ Voudrait-elle envier au fexe malheureux
„ La gloire du courage à nos cœurs généreux?
„ Ce n'était pas affez qu'une trifte ignorance,
„ Par votre politique éloignât la fcience;
„ Il fallait dans notre ame étouffer la valeur,
„ Pour régir en tyrans notre timide cœur!
„ Non, non, fi je dois tout à l'empereur qui m'aime,
„ J'employerai fes dons pour ou contre lui-même,
„ Et malgré lui j'irai m'expofer à fon fort,
„ Triompher avec lui du Turc ou de la mort.

Que répondre à la femme ingénieufe, aimable,
Mais fur-tout quand elle eft d'un cœur grand, admirable?
Notre Czar fubjugué fe tait en admirant
Et cede à Catherine à force d'être grand.

II

Il ordonne auffitôt, & déjà fon armée,
Au feul fon de fa voix fe trouve raffemblée;
Conduifant en triomphe & fon maître & fa cour,
Elle eft pour l'héroïne une preuve d'amour.
Dans leurs tranfports guerriers les troupes femblent croire
Qu'ils vont faire briller les feux de la victoire.
Les chemins de Turquie à leur paffage ouverts,
De lauriers & de fleurs leurs paraiffent couverts.
Déjà leurs pas légers courent en Valaquie,
Et fe croyent bientôt au fein de la Turquie,
Pour y fouler gaiment l'or des Orientaux,
Qui fuiront en voyant l'ombre de leurs drapeaux.

Du foldat courageux telle était l'efpérance,
Mais telle n'était point du deftin l'ordonnance.
Il livre ici le Czar au plus affreux malheur,
Pour mieux faire briller fa conftance & valeur.
Du fuperbe Ottoman un prince tributaire,
Pour fecouer le joug cherchant l'appui de PIERRE,
CANTEMIR le Valaque avait toujours promis,
Qu'on trouverait chez lui des vivres, des amis;

Q 2

On

On comptait même auſſi trouver en Moldavie
D'agréables ſecours aux beſoins de la vie.
Les Grecs de ce païs à nos Grecs Ruſſiens,
Promettaient de s'unir par de ſacrés liens.
Vaine & funeſte erreur ! & que c'eſt peu comprendre
Ce qu'on doit eſpérer, ce que l'on doit attendre
Des trop faibles biens de la religion,
Qui ne peut même unir la même nation !

CANTEMIR ſe flattait qu'un culte tout ſemblable
Rendrait chaque Valaque ardent & favorable,
Et que ſon frere Ruſſe au milieu des feſtins,
Avec lui chanterait des cantiques divins.

Mais le Valaque fuit, & dépouillant les plaines,
Il va ſoufler aux Turcs ſes fureurs & ſes haines ;
Il va malgré ſon prince au camp Mahométan,
Et pour nuire au Chrétien, enrichir l'Ottoman.

Vous régnez chez le Turc aimable tolérance !
Et chez tous les Chrétiens pour quelque différence,
A vos triſtes enfans une religion,
N'offre que châtimens, que trépas ou priſon !

Non ;

Non, les nombreux Chrétiens de cent fectes diverfes,
Sans craindre les effets des difputes perverfes,
Payans aux fages Turcs de modiques tributs,
Au fein de Mahomet ont la paix de Jéfus.

Ainfi donc préférans l'empire de Turquie,
Qui des prêtres punit la folle tyrannie,
Le Valaque & Moldave ont trompé CANTEMIR,
Et vont aux Ottomans s'allier & s'unir.
CANTEMIR en frémit, & ce malheureux prince,
N'ayant plus de fujets, & feul dans fa province,
Loin de pouvoir au Czar fournir quelques fecours,
En a befoin lui-même en ces funeftes jours.
Il le dit en tremblant; il gémit, fe défole;
Et le héros trompé l'excufe & le confole,
N'imitant point ces rois qui font voir leur douleur,
A l'auteur innocent d'un imprévu malheur.

Cependant notre Czar, dans ce revers extrême,
Souffre dans fes foldats en s'oubliant lui même,
Et chaque homme pour lui devient un vrai tourment,
Lorfqu'il le voit roder cherchant quelqu'aliment,

Q 3

Les

Les uns cédans aux cris de l'avide nature,
Vont fouiller nuit & jour les champs à l'aventure :
D'autres portans par-tout mille pas égarés,
Croyent calmer le feu dont ils font déchirés :
Ceux-ci languiſſamment accoudés ſur la terre,
Dévorent par ragoût l'herbe la plus amere ;
Ceux-là pâles, tremblans, attachent leurs regards,
Vers les lieux où l'on voit arriver quelques chars,
Penſans que ce convoi leur apporte la vie ;
Mais s'ils voyent tromper leur famélique envie,
Leurs forces, que ſoutient leur eſpoir conſolant,
Abandonnent dès lors tout leur corps chancelant.
Pluſieurs, ſpeĉtres affreux, les yeux triſtes & ſombres,
Paraiſſent revenir du royaume des ombres,
Tandis que l'on en voit de pâles, décharnés,
Qu'il ſemble que l'on ait fraîchement exhumés ;
Et la mort qui voltige au milieu de ces troupes,
Fait des morts & mourans les plus horribles groupes.

Au travers des horreurs on voit notre héros,
Marcher en partageant leurs peines & leurs maux.

II

Il apporte en courant une main bienfaifante,
Vers les lieux où la mort devient plus agiffante;
En foignant fes foldats en bon, pere, en vrai Czar,
Il veut contre fes coups leur fervir de rempart.
Mais ce n'eft pas la faim qu'il faut feule combattre:
Le Turc & le Tartare accourent pour abbattre
Les Ruffes échappés à la cruelle mort,
Et qui femblent devoir tomber au moindre effort.
Mais PIERRE d'un regard confolant, magnanime,
Les rappelle à leur cœur, les foutient, les anime.

„ Mes enfans, leur dit-il, ces Turcs trop peu guerriers
„ Croyent de votre tête arracher vos lauriers;
„ Autour de nous déjà formans une barriere,
„ Ils penfent arrêter notre noble carriere;
„ Mais croyent-ils qu'on tient les Ruffes enfermés?
„ Leur empire eft trop grand, ils font encor armés.
„ Eh que font donc contr'eux ces milliers de Tartares?
„ Ouvrons-nous un chemin par deffus ces barbares;
„ Ranimons nos efprits; nos ennemis vaincus,
„ Vont nous abandonner leurs vivres fuperflus.
Q 4

Il

Il dit ce peu de mots, & d'une main brûlante
Il faifit fon épée au profond de fa tente;
Et tandis qu'il difpofe en foi-même un combat,
Dont jamais le pareil ne s'offrit au foldat;
Tandis que de la cour chaque Dame allarmée,
S'effraye.... CATHERINE court vîte à l'armée;
Ses pas y font conduits par l'efprit bienheureux,
Qui protege toujours leurs drapeaux glorieux.
Tranquille auparavant, fur un épais nuage,
Il admirait du Czar l'héroïque courage,
Qui craignant peu le Turc, qui croyait l'accabler,
Veut l'attaquer lui-même & le faire trembler.
Les deftins font contens, le Czar a la victoire;
Le Czar n'a point pâli, pas même pour fa gloire,
Les héros tels que lui font certains de leur fort,
Ils affurent leur gloire en courant à la mort.
Et CATHERINE auffi fe montre triomphante,
En épargnant au Czar une fin fi fanglante,
Sauvant de fes guerriers les débris malheureux,
Confervant à l'empire un fang trop précieux.

Dans

Dans ce terrible jour paraissant plus brillante,
Sa préfence au foldat eft douce & confolante,
Et les chefs, éblouis de fon air enchanteur,
Sentent renaître en eux l'efpoir le plus flatteur.
Schafiroff, fon confeil & fon ami fidele,
Voit triompher alors ce génie & ce zele,
Qu'il employa toujours avec tant de fuccès,
Pour retirer l'état des plus cruels accès.
Avec fon héroïne en homme habile & fage,
Il avait concerté d'arrêter ce courage,
Qui devait expofer & l'état & le Czar,
Par l'époufe il éloigne un funefte hazard.
„ Illuftres généraux, leur dit cette héroïne,
„ Envain contre le fort le courage s'obftine;
„ Je vais trouver le Czar; la raifon & l'honneur
„ Pourront par fon Efther fléchir fon trop grand cœur;
„ M'expofant feule enfin à toute fa colere,
„ Je le défarmerai par ma vive priere;
„ Et fi je ne puis point l'engager à la paix,
„ Mes triftes yeux aux fiens fe ferment pour jamais.

Q 5

Elle

Elle dit, & suivant son trop heureux courage,
Elle vole vers PIERRE & lui tient ce langage.
,, Réservons la valeur pour des tems plus heureux ;
,, Conservons nos guerriers & leur Czar glorieux.
,, Il veut vaincre ou périr : hélas ! s'il perd la vie,
,, Avec lui tout périt, il n'est plus de Russie :
,, Tout retourne au néant dans ce funeste jour,
,, Moscou, vaisseaux, soldats, & même Pétersbourg ;
,, Ces augustes remparts, cette ville naissante,
,, Et qui pour votre gloire est déjà florissante,
,, Qui dans son port heureux voyait mille vaisseaux,
,, Apporter leurs tréfors des plus lointaines eaux.
,, Que dira l'univers si, manquant de prudence,
,, Vous perdez dans un jour tant de magnificence ;
,, Si d'un roi de Suede employant la fureur,
,, Vous tombez comme lui dans le plus vil malheur ;
,, Si fous votre vaincu chargé d'affreuses chaînes,
,, Vous essuyez du Turc les hauteurs inhumaines ?
Notre Czar à ces mots rappelle ses esprits ;
Regardant CATHERINE avec des yeux surpris,

Ad-

Admire jufqu'où vont les ardeurs de fon ame,

Et croyant voir en elle une divine flamme,

Lui répond tendrement: „ Vous triomphez de moi,

„ Et vous feule favez m'impofer cette loi.

„ Je fais que fur mes pas vous perdriez la vie,

„ Confervons donc vos jours trop chers à la Ruffie.

„ Traitez en fouveraine avec les Ottomans,

„ Et prenez pour la paix d'heureux arrangemens.

 L'époufe prévoyant ces triftes conjonctures,

Pour vaincre l'Ottoman avait pris fes mefures.

Elle fait briller l'or aux regards des vifirs;

Ils font d'abord vaincus, & fuivant fes defirs,

Les Ruffes fiérement retirent leur armée,

Et retournent chez eux enfeigne déployée;

Et l'abondance alors faifant fuir le trépas,

Le triomphe paraît accompagner leurs pas.

Pour en être témoin le héros de Suede

Paraît être accouru. Son malheur fans remede

Lui confeille auffitôt de quitter l'Ottoman,

Dont le Ruffe plus fin s'échappe en triomphant,

Et

Et même CANTEMIR, que le Turc croyoit traître,
Mais qui, suivant le Czar, craint peu son ancien maître.

   CATHERINE sauvant d'un funeste hazard
Les Russes languissans & l'intrépide Czar,
Les soldats rétablis & remplis d'allegresse,
Se montraient en passant leur divine maîtresse,
Avouans avec joie à ses yeux enchantés,
Que son cœur généreux les a tous rachetés.

   Quel jour pour CATHERINE! un héros tel que PIERRE
Pour la récompenser fait seul ce qu'il faut faire.
Mais maître de lui-même il sait se modérer,
Cachant ses sentimens pour mieux les déclarer.
CATHERINE a sauvé la patrie & le trône,
C'est sur le trône aussi, lui donnant la couronne,
Que son cœur pénétré voulait remercier,
Celle qu'un sceptre seul pouvait aprécier.

   „ Russiens, adorez l'influence divine,
„ Qui veut faire régner cette aimable héroïne.
„ Vous vivez par les soins qu'elle fait se donner.
„ Qui peut sauver l'état, peut bien le gouverner.

L A

LA PETREADE

O U

PIERRE LE CREATEUR.

CHANT DIXIEME.

LEs héros ne font pas ceux que fuit la victoire ;
Il faut favoir en faire une folide gloire,
En forçant à la paix de trop fiers ennemis,
Et changeant les vaincus en fideles amis.
Annibal, autrefois le héros de Carthage,
Sut vaincre fans favoir en tirer avantage.
La victoire, n'étant qu'inutile en fes mains,
Tourna dans fon dépit du côté des Romains.

Au

Au contraire du Czar le rapide génie,
Sait tenir en ſes mains la victoire aſſervie.
Sans lui donner le tems de quitter ſes drapeaux,
Il la dirige encor à des exploits nouveaux;
Et pour mieux aſſurer ſes anciennes conquêtes,
Prépare aux Suédois de nouvelles tempêtes;
En ſage politique il redouble ſes coups,
Pour faire naître un tems plus ſerein & plus doux,
Sachant qu'il s'embellit après un grand tonnerre,
Qu'on parvient à la paix par une rude guerre.

　　Suivant cette maxime on vit notre héros,
Vouloir tonner auſſi ſur l'empire des flots.
Un peuple d'ouvriers qu'aſſemble le génie,
Et dont le Czar conduit l'ardeur & l'induſtrie,
Sous les fréquens efforts des inſtrumens divers,
Autour de Péterſbourg fait retentir les airs.
Ses ports & ſes chantiers qu'éclaire l'œil de PIERRE,
Ecole & magazins de la Ruſſie entiere,
Avec étonnement voyent venir le Czar,
Diriger ſes travaux en grand maître de l'art.

L'ar-

L'architecte attentif près de lui va s'inftruire,

Sur les dimenfions de chaque grand navire.

PIERRE un compas en main prend les proportions

Des hauteurs, des longueurs & des mâts & des ponts.

Il réforme, il ajoute, & fouvent même invente,

Quelqu'utile inftrument, quelque forme élégante;

Il a fur-tout égard à la folidité,

Dans un vaiffeau guerrier premiere utilité.

Sa fcience examine avec un foin très-fage,

La quille où le vaiffeau porte tout fon corfage;

La quille d'où dépend le falut des humains,

Qui foutient fur la mer leurs jours trop incertains.

　Suivant les plans exacts de l'univerfel PIERRE,

De divers ouvriers l'active fourmillere

Conftruit, arme à l'envi cent différens vaiffeaux,

Depuis ceux de hauts bords jufqu'aux derniers brûlots.

　C'eft ainfi que l'on voit, aux bords de l'Amérique,

D'ingénieux caftors l'active république,

Pour narguer les chaffeurs fe loger fur les eaux,

Pour braver leurs efforts fe bâtir des radeaux.

Les

Les uns en se creusans quelques fosses profondes,
Pour en faire des ports y font couler les ondes.
Les autres dans les bois faisans des abbatis,
Taillent adroitement de puissans pilotis;
Et tandis que ceux-ci, formans un attelage,
Transportent ces piliers auprès de leur village;
Ceux-là pour les planter unissent leurs efforts,
Se bâtissent ainsi des especes de forts.
D'autres ingénieurs, pour mieux couvrir leur place,
La flanquent avec art d'une forte terrasse;
Après quoi s'embarquans avec leurs magazins,
Sans craindre des chasseurs les pieges assassins,
Vivans gaiment sur l'onde & méprisans la terre,
Font au milieu des eaux leur demeure ordinaire,
Et faisans admirer leurs talens naturels,
Montrent plus de raison que beaucoup de mortels.

Les Russes rassemblés autour de leur monarque,
Admirent ses travaux, font chacun leur remarque,
L'un parle des exploits & des soldats instruits,
L'autre de Pétersbourg & des vaisseaux construits.

Les

Les vieux Ruſſiens même, & pour lors les moins ſages,
Etant trop attachés à leurs anciens uſages;
Malgré leurs préjugés ne peuvent s'abſtenir,
D'admirer les vaiſſeaux que l'on vient de finir.

Ils admirent leur nombre & leur belle ſtructure,
Les moins connaiſſeurs même en aiment la parure:
Sur cette flotte enfin confondans leurs regards,
Tous y ſemblent louer le plus grand de leurs Czars,
PIERRE lit dans leurs yeux ſon ſuccès & leur joye;
A leur cœur par ces mots il parle & ſe déploye:

„ Ces ſpectacles ſur mer, Ruſſiens bien aimés,
„ Sont ſans-doute nouveaux à vos yeux étonnés.
„ Ni vous ni vos ayeux n'avaient eu la penſée,
„ Que ſur la Mer Baltique une flotte équipée,
„ Dût porter votre nom & même vos guerriers,
„ Chez des peuples déjà ſurpris de vos lauriers.
„ Qui d'entre vous, amis, crut pouvoir aſſez vivre,
„ Pour venir ſur ces bords me chercher & me ſuivre,
„ Non pas comme étrangers ou ſujets Suédois,
„ Mais comme ſouverains qui font ſuivre leurs loix.

R   „ Si

„ Si des peuples polis vous adoptez l'ufage,

„ Si des peuples marins faifant l'apprentiffage,

„ Vous en cueillez déjà les fruits trop précieux,

„ Quels feront donc un jour vos fuccès glorieux?

„ Et fi chez vous les arts vont loin dès leur naiffance,

„ Où ne devez-vous pas porter votre efpérance?

„ A d'autres nations vous pourrez tranfporter

„ Les talens qu'aujourd'hui l'on vous voit emprunter.

„ C'eft ainfi que l'on vit arriver de la Grece,

„ Chez d'autres nations les arts & la fageffe.

„ La fcience qui vient par degrés éclairer,

„ Au grand aftre du jour fe peut bien comparer, (f)

„ Qui fucceffivement tranfporte fa lumiere,

„ Pour en illuminer le globe de la terre;

„ Et laiffant dans la nuit certaines nations,

„ Va faire luire ailleurs fes bienfaifans rayons.

„ Cet heureux jour viendra briller fur notre fphere,

„ Vous

(f) L'Auteur de la vie de PIERRE le Grand ne devait pas comparer la circulation des fciences à celle du fang; qui en circulant eft toujours par tout le corps. Il devait plutôt parler de la circulation de la lumiere, qui en éclairant une partie laiffe l'autre dans les ténebres.

,, Vous n'avez qu'à vouloir, le reſte eſt mon affaire.

,, De l'Egypte, autrefois le berceau des beaux arts,

,, La ſcience paſſant aux Romains, aux Céſars,

,, Rempliſſant l'Italie approcha de la France,

,, Et répandit ſur elle une vive influence.

,, L'Anglais & l'Allemand, l'ennemi Suédois,

,, Ont enfin tous ſubi ſes trop aimables loix.

,, Voyez les Polonais brillans à notre porte,

,, De ſes dons précieux; elle nous les apporte,

,, Et par mes mains vous offre un ſecours auſſi doux.

,, Parlez, chers Ruſſiens, le refuſerez-vous?

,, N'accepterez-vous pas le bonheur & la gloire,

,, D'égaler dans le monde & juſques dans l'hiſtoire,

,, Tous les humains polis, qui ſe rendent heureux,

,, N'étant pas plus que vous favoriſés des cieux?

Ce beau diſcours où brille & le prince & le pere,

Eſt pour le juſte ciel la plus belle priere;

Il paraît même auſſi l'applaudir, l'accepter,

En ordonnant aux vents d'accourir le porter.

Le héros leve l'ancre, & ſon heureux génie,

R 2

Fait

Fait partir avec lui les cœurs de la Ruffie.

La Suede avait vu de fes bords allarmés,
Les Rufles par le Czar au travail animés,
Fabriquer, ou plutôt, en puiflances divines,
Se créer tout à coup ces énormes machines,
Ces vaifleaux dont le fein porte les combattans,
Et qu'on peut appeller des baftions flottans.
Ils cachent dans leurs flancs une rapide foudre,
Et qui menace au loin de mettre tout en poudre.
Pour détourner fes coups du fein de fes états,
La Suede garnit fes vaifleaux de foldats;
Et pour mieux éloigner le Czar & fon tonnerre,
Ofe jufqu'à Cronftad faire approcher la guerre.
Digne encor d'elle-même, hardie en fes efforts,
Elle ofait accourir, l'attaquer dans fes ports;
Mais bientôt l'empereur fut forcer de fe rendre,
Ces actifs ennemis qui croyaient le furprendre,
Comme fi fes vaifleaux portaient un talisman,
Fatal aux Suédois dans leur grand armement.

Auffitôt qu'il les voit venir à fa rencontre,

En lui tout un grand roi, tout le héros se montre;
Son visage reluit d'une brillante ardeur,
Qui prédit cent exploits d'une haute valeur.
Dans le danger pressant qui vient & l'environne,
Il parle avec aisance, il agit, il ordonne;
Il paraît fier mais doux, & même encor plus grand;
Son éclatante voix, volant dans chaque rang,
Enflamme les esprits, annonce la victoire,
Aux guerriers qui sous lui sont avides de gloire.
A son signal on voit dans un bel appareil,
Les voiles, les soldats ombrager le soleil,
Et sa flotte avançant dans un ordre admirable,
Fait bientôt de plus près un aspect formidable.
Par cent & cent sabords mille bouches d'airain,
Attendent le signal du héros souverain,
Pour vomir à longs traits la mort & le carnage.
PIERRE paraît, ordonne, & commence l'orage;
Il attend que la vague incline à s'abaisser,
Pour tirer le canon & le mieux adresser.
Au sien il met le feu; dans l'instant son armée,

·R 3

En-

Envoye à l'ennemi sa terrible bordée;
La mer sous cet effort cede, enfonce & mugit,
L'air en est enflammé, la côte en retentit.

　La flotte Suédoise, à ces combats nourrie,
Fait tonner à son tour ses feux & sa furie,
De se voir prévenir en ce jour périlleux,
Où ses soldats croyaient se voir victorieux.
Watrang leur amiral, qui voit avec surprise,
Se tourner contre lui sa fameuse entreprise;
D'attaquant qu'il était devenant attaqué,
A sa propre défense il se voit obligé.

　L'empereur amiral, & soldat, & pilotte,
Encourage, & combat, & dirige sa flotte;
En voguant de côté, toujours en boulinant,
Il gagne l'avantage & du flot & du vent;
Et pendant qu'il conduit cette manœuvre insigne,
Il fait un feu terrible avec toute sa ligne.
Le Suédois répond, mais son feu trop gêné,
Se trouve par le Czar hautement dominé.
Le vent contraire soufle aux yeux de son armée,

Les

Les tourbillons épais d'une noire fumée.

Envain les Suédois manœuvrent leurs vaisseaux,

La victoire est forcée à fuir de leurs drapeaux.

L'empereur en profite, & de près l'ayant jointe,

Pour l'enfoncer il forme une terrible pointe,

Des vaisseaux les plus forts de sa division,

Et pousse l'ennemi dans la confusion.

Notre héros saisit ce premier avantage,

Et se mettant au large il fait tomber l'orage,

Sur le brave EHRENSCHILD, ce fier contr'amiral,

Qui voulait tout ou rien dans un combat naval.

Comme une forte vague, & qu'agite la rage,

Des vents maîtres des mers & de tout le rivage,

Inonde, engloutit tout en ravageant ses bords,

PIERRE entraîne aussi tout sous ses puissans efforts.

C'est envain qu'EHRENSCHILD, jusqu'alors indomptable,

Cherche à le repousser par un feu formidable,

Qu'employant ruse, & force, & courage, & travaux,

Il tâche d'éviter le Czar & ses vaisseaux;

L'ennemi, ne pouvant empêcher l'abordage,

R 4

Voit

Voit fur fes ponts fanglans entrer l'affreux carnage,
Dans ce coup décifif tout s'arme, & tout combat,
Et tout fuccombe enfin, & pilote & foldat.
En évitant la mort les plus fiers capitaines,
Ne peuvent refufer de recevoir des chaînes.
Tout eft pris, officiers, foldats & matelots,
Ou périt par le fer, par le feu, par les flots.
On finit de combattre, & dès que la fumée
Tourbillonnante en l'air fut enfin diffipée,
La fcene du combat offre aux Ruffes furpris,
Des vaiffeaux Suédois les malheureux débris;
Les morts & les mourans, les dépouilles fumantes,
Qui flottent par monceaux fur les ondes fanglantes,
Et qui peignans aux yeux ce qu'on croit des enfers,
Paraiffent dans ce jour épouvanter les mers.

   Notre héros gémit & blâme la victoire,
De donner à ce prix une cruelle gloire.
Son trifte cœur rempli de fentimens divins,
Lui fait tendre aux vaincus de bienfaifantes mains.
Par fes foins vigilans on s'empreffe, on feconde

Ceux

Ceux qui fuyans la mort l'allaient trouver dans l'onde.

On panse les blessés, on les rappelle au jour,

Le vainqueur aux vaincus apporte du secours.

Il n'obtient à leurs yeux la victoire complette,

Que pour les conserver par leur propre défaite.

Les captifs accourans autour de ses lauriers,

Voyent tomber leurs fers, ne font plus prisonniers.

„ EHRENSCHILD, dit le Czar, reprenez votre épée,

„ Elle vous sied trop bien pour vous être enlevée;

„ Et si votre valeur fit périr mes amis,

„ Du-moins vous n'étes plus l'un de mes ennemis.

„ Allez nouveaux amis dans l'heureuse Russie,

„ Jouir par mes succès d'une paisible vie.

„ Vous suiviez trop long-tems les horreurs des combats,

„ Allez goûter la paix au fond de mes états.

„ Cultivez-y vos arts, & soyez-nous utiles,

„ Concourez au bonheur que vous offrent nos villes.

„ Vous êtes attendus par d'autres Suédois,

„ Qui déjà font en charge & font valoir mes loix.

Il dit, & ses vaisseaux abordans au rivage,

R 5

S'em-

S'emparent de Laland & de tout son parage.
Cette isle renommée était le fier rempart,
Où la Suede crut arrêter notre Czar.
Mais qui peut arrêter ce héros intrépide?
Sa valeur est un feu dévorant & rapide.
La Suede frémit, touche à son dernier jour,
Quand son roi tout à coup paraît à son secour,
Accouru comme un trait du fond de la Turquie,
CHARLES vient s'opposer aux feux de la Russie.
Assez souvent ainsi, sur la plaine des airs,
Un nuage roulant la grêle & les éclairs,
Obscurcissant au loin la tremblante nature,
Et menaçant sur-tout les troupeaux en pâture,
Rappelle à leur secours les pasteurs égarés,
Pour les sauver d'abord dans des lieux assurés.

CHARLES avait encor dans la Bessarabie,
Fait un trait étonnant de son bouillant génie,
En livrant presque seul un étrange combat,
Contre le grand Sultan au sein de son état.
Du Czar trop éclairé la politique habile,

Cher-

Cherchant son ennemi dans son puissant azile,

Avait enfin poussé le Turc trop généreux,

A renvoyer chez lui ce prince impérieux.

Mais CHARLES demandant pour escorte une armée,

Déclara fièrement à la Porte étonnée,

Qu'il ne sortirait point des confins Ottomans,

S'ils ne faisaient pour lui de nombreux armemens.

Contre lui le Sultan mande Turcs & Tartares;

Mais CHARLES irrité les traite de Barbares,

Arme contre la foule un peu de Suédois,

Les retranche, & veut faire au fier divan des loix.

   C'est envain qu'un pacha, qu'un Kan de Tartarie,

Veulent calmer le feu de sa valeur aigrie,

Et que le janissaire un bâton blanc en main,

Entreprend de fléchir cet esprit trop hautain;

Contre PIERRE il demande, & n'en veut rien rabattre,

Cent mille Turcs encor pour aller le combattre.

Mais ce prince vaincu, moins craint que son vainqueur,

Se voit environner par les Turcs en rumeur;

Ce qui n'est à ses yeux qu'un spectacle agréable,

Et

Et qui flatte avec goût fon courage intraitable.

Plus le combat, qu'il voit contre lui s'apprêter,

Paraîtra furprenant à dire & raconter,

Paraîtra dans l'hiftoire effrayant, téméraire,

Plus des autres héros il croit paffer la fphere.

Plus le péril augmente, & plus fon cœur altier

Croit voir à l'infini s'élever fon laurier.

Déjà de tous côtés Ottomans & Tartares,

Des prix qui font promis & du pillage avares,

Avancent à grands cris leurs flots tumultueux,

Et du premier effort le camp fond fous leurs yeux.

Deux cens des Suédois, qui font toute l'armée,

Ont perdu leur valeur fous le nombre étouffée.

On croyait tout fini ; mais loin de s'étonner,

Le monarque au combat commence à s'obftiner.

Après tous fes revers plus fier, plus despotique,

Il raffemble à l'inftant fon moindre domeftique.

Tout devient combattant, général, officier,

Tout lui fert de foldat jufqu'à fon aumônier.

Sa maifon lui paraît une ample citadelle;

Vingt

Vingt commensaux en font la garnison fidelle,
Et retranché derriere un si faible rempart,
Il attend fiérement un funeste hazard.
L'Ottoman revenu d'une extrême surprise,
Prépare à ce guerrier une nouvelle crise.
Par plus d'une ouverture il entre de plein saut,
Et croit déjà tenir le roi dans cet assaut.
Mais ce prince attaquant cette foule étonnée,
Frappe sur les piliers & chasse leur nuée.
Pour le forcer enfin les meches, les brandons,
Approchent de son fort, le mettent en charbons;
Et CHARLES défendant cette maison ardente,
Fait partir sur les Turcs la poudre étincelante;
Combat jusques enfin, qu'obligé de partir,
Il se voit par la foule enlever & saisir.

Le bruit de cet exploit étonna tous les princes,
Qui réunis au Nord conquéraient ses provinces.
Le retour d'un tel homme ébranla leur vigueur,
Mais du Czar au contraire il ranima l'ardeur.
Que votre ardeur aussi, ma muse, se ranime,

Pour

Pour faire mieux fentir l'admirable maxime,
Du Czar qui s'applaudit du courage étonnant,
Qu'un héros ennemi montra chez l'Ottoman.

    „ Un prince, un général, difait PIERRE en lui-même,
„ Pourra bien fe parer d'une valeur extrême,
„ Au milieu d'une armée où l'on voit tant de bras,
„ Tous prêts à repouffer fa honte ou fon trépas.
„ Mais un malheureux roi qui fans forts, fans armée,
„ Au milieu d'une foule à le prendre animée,
„ Réfifte pour fauver la gloire de fon rang,
„ Préfere de mourir à ceffer d'être grand,
„ Pour moi devient toujours un héros véritable,
„ Quoiqu'ennemi devient un ami chériffable.
„ Princes, mes alliés ! princes peu généreux !
„ Pourquoi pouffer à bout un grand cœur malheureux?
„ Non, non, & c'en eft trop, dans Stralfund affiégée;
„ La vie de ce prince encore menacée,
„ Doit me faire fentir que l'on a peu d'honneur,
„ A faire fuccomber un roi dans le malheur.
„ Tendons-lui bien plutôt une main bienfaifante;

                        „ Suf-

„ Suspendons les efforts d'une ligue accablante,

„ Et ne portons des coups que pour mieux l'engager,

„ A signer une paix que je veux ménager.

Ainsi pensa le Czar en montant sur sa flotte,

Où ce héros était général & pilote;

Où l'on vit ce grand prince ordonner, manœuvrer,

Mener les alliés forcés de l'admirer.

Souveraine des mers la superbe Angleterre,

Et la Hollande alors sa rivale trop fiere,

Combinans leurs vaisseaux avec ceux des Danois,

De PIERRE sur les mers reconnurent les loix.

Ces fiers tyrans des eaux, maîtres dans la science

De dompter leur caprice & des vents l'arrogance,

De soumettre à leur art le triomphe naval,

Dans PIERRE ont cru trouver leur plus digne amiral.

Quelle gloire de voir des nations si fieres,

Baisser leurs pavillons, saluer ses bannieres!

Ils honoraient alors moins son auguste rang,

Qu'un héros qui dans tout était habile & grand;

Ils admiraient un trait que ne vit aucun âge,

Un

Un prince qui montait un vaisseau son ouvrage.
Avec étonnement ils le voyaient mener,
Un vaisseau que ses mains avaient su façonner :
Ces mariniers adroits, & fiers de leur science,
Témoins de son grand art l'admirent en silence,
Et bientôt sourdement en deviennent jaloux,
Suivans avec dépit sa gloire aux rendez-vous.
En s'opposans sous main au Czar de la Russie,
Ils barraient ses exploits dans la Poméranie,
Craignans de voir un jour au nombre des Germains
Un héros si puissant entre les souverains.

Le Czar par son génie a percé le mistere,
Dont ses fins alliés couvraient leur ministere.
Les voyant profiter de ses heureux succès,
Pour s'ouvrir en Suede un plus facile accès,
Il sent qu'ils suivent trop un trop grand avantage,
Voulans de ses païs faire un cruel partage.
Et démembrer entr'eux cet état languissant......
Ouvrant des yeux de paix sur son malheur pressant,
Il suspend des Danois l'ambition ardente,

Et

Et fauve à l'ennemi leur funefte defcente;
Et quittant à propos l'emploi de deftructeur,
Du roi des Suédois il fe rend protecteur.
Par-là fa politique & fa fage puiffance,
Arrêtant les efforts de leur haute alliance,
Il fait faire fentir aux Anglais & Danois,
Que fon bras feul a dû vaincre les Suédois.

La paix dès ce moment des cieux pouvait defcendre,
Par la bouche du Czar pouvait fe faire entendre,
Défarmer dans l'inftant les foudres du vainqueur,
Lui-même triomphant du plus rebelle cœur.
Mais hélas! dans ces jours l'Europe tourmentée,
Etait comme une mer vivement agitée,
Qui gronde même après que l'orage a ceffé;
Son courroux ne peut être auffitôt appaifé.
Il fallait préfenter bien d'autres circonftances,
Pour calmer les efprits de toutes les puiffances,
Dont le roi de Suede avec entêtement,
Excitait contre lui le vif acharnement.
Son efprit indocile & fa valeur revêche,

S

Ve-

Venait de tranfporter fes coups dans la Norwege,
Aimant mieux attaquer les Danois peu guerriers,
Qu'un Czar que protégeaient de trop puiffans lauriers ;
Et cédant même enfin à fon puiffant génie,
Et de trop de vengeance abjurant la manie,
Un miniftre intriguant, un agent de fa part,
Pour conclure la paix va fonder notre Czar.

GÖRTZ était cet agent, efprit vafte à fyftême,
Prudent dans les fuccès, dans les dangers extrêmes ;
Embraffant à la fois tous les plus grands objets,
Sur le moindre accident bâtiffant fes projets.
Propre pour augmenter ou ruiner des empires,
Ses deffeins euffent pu paffer pour des délires
Aux yeux d'un efprit faible, ébloui par le grand ;
Mais ils étaient chéris par ceux du premier rang.
Miniftre fingulier du roi le plus unique,
Il lui faifait goûter fa haute politique,
Et tout en lui cédant il lui faifait la loi,
Avec CHARLES enfin il ofait être roi.

Il parvient près du Czar, connaiffeur en grands hommes.
Dans

Dans d'autres nous aimons ce que nous-mêmes sommes.

En grand miniftre il parle au plus grand des héros,

Lui ouvre fans détour fes étranges complots,

Et fait très-finement combiner fon idée,

Sur ce que notre Czar peut avoir en penfée.

„ Vous penfez, lui dit-il, trop fupérieurement,

„ Pour qu'avec vous jamais j'agiffe adroitement.

„ Un roi grand, courageux, depuis plus de trois luftres.

„ Signalant fes vertus rend les vôtres illuftres.

„ C'eft affez fe combattre, & même s'éprouver;

„ Il vous cede, à vous feul, & veut vous élever;

„ Et s'avouant vaincu moins par votre victoire,

„ Qui vous place fans doute au temple de mémoire,

„ Que par ces grands deftins qui vous font créateur,

„ D'un païs qui vous voit fon grand réformateur.

„ Seigneur! louant en vous tant de force & fageffe,

„ Il foumet fa fierté fans peine ni faibleffe:

„ En grand cœur à vous feul il demande la paix,

„ Et veut même avec vous s'allier pour jamais.

„ Quittez, quittez, feigneur! une fauffe alliance,

S 2

„ Où

,, Où vous sacrifiez votre gloire & puissance,

,, A combattre sans cesse un prince malheureux,

,, Pour d'autres ennemis de vous-même envieux.

Ce discours fit l'effet qu'on attendait de PIERRE,

Et GÖRTZ l'ayant tourné suivant son caractere,

Il offre noblement d'un héros l'amitié,

Héros toujours héros ayant même plié.

,, Baron, répond le Czar: votre noble éloquence

,, N'a point pour votre roi surpris mon alliance.

,, Je me connais assez pour devoir l'accorder

,, Au héros qui la fait aujourd'hui demander.

,, Et jamais il ne fut plus grand, plus admirable,

,, Qu'en forçant sa forte ame à devenir traitable.

,, Plus ce prince en ce jour se trouve malheureux,

,, Et plus son amitié me rendra glorieux.

,, Je veux donc, sans tirer un trop grand avantage,

,, De ce que la fortune a trahi son courage,

,, Savoir me modérer dans mes conditions,

,, Pourvu qu'une barriere entre nos nations,

,, Eloigne de nos mains & les feux & les guerres,

,, Pour

„ Pour régir nos sujets en grands rois, en bons peres,

„ En épargnant le sang des sujets, des amis,

„ Et qu'on ne peut payer par des païs conquis,

Ainsi parla le Czar, dont la haute prudence,

Sans peine & sans débats dans un sage silence,

Développe les nœuds de cent difficultés,

Et travaille avec GÖRTZ ses étonnans traités ;

En héros, qui se sent de l'ame & des lumieres,

Avec ce grand ministre il décide des terres,

Que les princes guerriers doivent perdre ou gagner,

Et les états qu'il faut leur rendre ou leur donner ;

Et suivant tous les traits que ce système trace,

Notre Europe étonnée allait changer de face,

Le Czar sur une carte, ouvrage de ses mains,

Du doigt montrait à GÖRTZ les villes & terrains,

Qui leur devaient servir de nouvelle frontiere,

Pour marquer clairement une sure barriere.

Cependant GÖRTZ tirant du lac de Ladoga

Une ligne courante au Nord par Onéga,

Cédait au conquérant toute la Livonie,

S 3

Les

Les Bords Caréliens avec l'Ingermanie:
Mais pour dédommager le roi des Suédois,
La Norwege s'enleve aux inquiets Danois.
Et comme ce traité par son plan enveloppe
Presque tous les états de la guerriere Europe,
Une Poméranie s'arrache aux Prussiens,
Ainsi que Breme & Verde aux fiers Hanovriens,
Par le puissant secours du héros de Russie,
Qui fait de la Suede une éternelle amie;
Tandis que les Anglais, devenus ennemis,
Voyent leurs rois chassés & leur trône promis.
Systême, plans hardis, & dignes de grands hommes,
Mais fragiles humains, & faibles que nous sommes,
Nous mourons au milieu des projets fastueux!
Sur les héros s'étend un bras victorieux,
C'est celui de la mort..... La Suede éperdüe,
Apprend de son grand roi la perte inattendue;
Apprend en gémissant qu'aux bords Norwégiens,
Son lion de la vie a quitté les liens;
Et que d'un fauconneau la balle meurtriere,

L'a

L'a près Fréderickshall privé de la lumiere.

L'ange de la Suede en eſt épouvanté,
Redemande aux deſtins ce monarque indompté,
Mais il les brava trop ; & la mort, quoi qu'on croye,
N'ouvre point ſes tombeaux pour relâcher ſa proye.

Envain les Suédois, par leurs cris & leurs pleurs,
Accuſent les deſtins de leurs cruels malheurs ;
Et dans le ſang de Görtz, répandu par la haine,
Cherchent une vengeance à leur funeſte peine ;
Leurs maux ſe font ſentir ſans eſpoir des ſecours,
Qu'ils attendaient du roi, s'il conſervait ſes jours.
Roi héros ! s'il eût pu profiter de ſa gloire,
Et pour donner la paix ménager la victoire ;
Mais il perdit le fruit des triomphes paſſés,
En laiſſant ſes ſujets abbattus, terraſſés.

Notre Czar toujours grand, qui ſavait toujours être
Des tems, maîtres de tout, lui-même le grand maître,
Sait auſſi réparer l'atteinte du malheur,
Et profite à propos du plus léger bonheur.
Au trépas de ce prince ayant donné des larmes,

Avec

Avec plus de vigueur il fit tonner les armes.
Le roi CHARLES mourant entraînait au tombeau,
Tout ce que son projet eut de sûr & de beau.
ULRIQUE sœur du roi, succédant à son trône,
Ne prit point ses desseins en prenant sa couronne.
Les alliés du Czar, unis par la terreur,
Que CHARLES inspirait par sa haute valeur,
Rassurés par sa mort tournerent leur envie
Sur PIERRE, dont chacun redoutait le génie.
Loin de traiter le Czar comme un nouvel ami,
En lui l'on voit toujours un ancien ennemi,
Et contre lui chacun à la guerre s'anime.
C'est envain que ce prince, en héros magnanime,
Remontre aux Suédois que de nouveaux combats,
Portent le dernier coup à leurs faibles états;
Qu'ils doivent éloigner un trop funeste orage,
Où lui seul trouverait un réel avantage;
Que pour eux ne pouvans longtems lui résister,
On les verrait bientôt tout-à-fait succomber.

 Ainsi, sans profiter de leur triste impuissance,

Le

Le héros leur fait voir un grand trait de clémence ;
En leur offrant la paix, voulant moins de païs ;
Que l'effort de son bras n'en a déjà conquis.

   Quel conquérant vit-on, dans sa plus haute gloire ;
Vouloir bien oublier les droits de la victoire !
Trait unique, admirable ! hélas les Suédois ;
D'une saine prudence écoutant peu les loix ;
Pour l'admirer n'ont pu surmonter leur colère ;
Et l'inutile espoir de vaincre en cette guerre.
Leurs nouveaux alliés les rendent fiers, actifs ;
Le monde est plein du bruit de leurs préparatifs :
Mais qu'importe au héros ? ce bruit n'est que fumée ;
Et qui s'évanouit à l'aspect d'une armée.
Déjà tout préparé pour de nouveaux exploits ;
Avec sa flotte il fond sur les fiers Suédois.
Pour leur donner la paix & pour les y résoudre ;
Ce rapide guerrier ; cet aigle porte-foudre,
Transporte en leur royaume & la flamme & le fer ;
C'est Dieu qui pour sauver menace de l'enfer.

   L'ange des Russiens, voyant que la Suede ;

T

En

En s'obstinant s'abîme & se perd sans remede,

Ainsi que notre Czar gémit de son malheur,

Vole vers leur génie, & dit avec douceur:

;, Cédez comme avait fait votre prince lui-même,

,, Quoiqu'il fût tourmenté d'une hauteur extrême.

,, Mais si vous surpassez ce héros en hauteur,

,, Il faudrait tout au moins l'égaler en valeur,

,, Pour pouvoir résister au Czar de la Russie:

,, Fiez-vous, croyez-moi, sur son heureux génie.

,, Il est plus grand, plus sûr de céder à propos,

,, Que d'oser attaquer le fort d'un grand héros.

,, Les destins m'ont parlé; tandis que leur silence,

,, Vous laissait malgré moi dans la triste ignorance

,, De leurs sacrés décrets, & que sans y penser,

,, Pour défendre un grand roi vous osez offenser.

,, Mais dans ces tristes tems, que CHARLES est sans vie,

,, Et qu'ils parlent par moi, rien ne vous justifie,

,, Si votre entêtement prolonge les combats,

,, Ecoutez les destins qui jugent vos états.

,, Enfin accordons-nous, purs esprits que nous sommes,

,, Et

„ Et mieux que ne le font les trop malheureux hommes,

„ Qui s'excufans peut-être, ou plutôt fe vengeans,

„ Feignent dans leurs écrits que nous fommes méchans.

„ Non, non, les purs efprits, du feigneur les miniftres,

„ Suivent fans fe haïr les loix les plus finiftres,

Il dit & dans l'inftant les deftins immortels,

Firent tonner des cieux leurs arrêts éternels.

„ Suédois! dirent-ils, vos brillantes victoires,

„ Vous ont long-tems rendus fameux dans les hiftoires.

„ Un jour vous auriez pu vaincre tous les humains,

„ Mais bientôt fuccombans, comme les fiers Romains,

„ Vos états s'écroulans deffous leur propre maffe,

„ Votre peuple eût péri, n'eût point laiffé de trace.

„ Le ciel vous aime trop, le cercle des deftins,

„ En bornant vos exploits, vous conferve en fes mains.

„ Votre tems reviendra : mais cédez la victoire

„ Au Czar qui ne veut point vous ôter votre gloire.

„ Il s'eft affez couvert de lauriers & d'honneur,

„ Affez d'autres vertus illuftrent ce vainqueur.

„ Les tems font arrivés que cette ame immortelle,

T 2

„ Doit

,, Doit briller ici-bas d'une gloire nouvelle,
,, Et que les Ruffiens feront fages, heureux,
,, Tandis que l'on verra fon fang régner fur eux.

A ces mots, des deftins finit le fombre oracle,
La foudre & les éclairs finiffent leur fpectacle.
L'ange des Suédois, adorant leurs fecrets,
Vole dans la Suede y dicter leurs décrets.
La reine à fon époux, par un trait héroïque,
Venait de tranfporter le pouvoir politique ;
Et fon amour, honteux de lui donner la loi,
L'avait par les états fait couronner fon roi.

Vous avez entendu, leur difait le génie,
L'arrêté fouverain de l'éternelle vie ;
Dans une douce paix vivez toujours heureux,
La paix eft le tréfor des époux amoureux.
A la gloire du Czar rendez enfin hommage ;
A l'avoir pour ami, la vôtre vous engage.
Déjà même, déjà ce vainqueur bienfaifant,
Contre vos ennemis protege votre fang ;
Ce héros, devenu le réfuge des princes,

Par-

Parmi les souverains, chassés de leurs provinces,
Fait briller dans sa cour le fils de votre sœur,
Et contre les Danois vous ouvre son grand cœur.

Par tant de si beaux faits la Suede vaincue,
Tend les mains au vainqueur, & la paix est conclue;
L'Europe enfin accorde au héros conquérant,
Les beaux noms d'Empereur & de PIERRE le Grand.
Et tandis que le Russe avec amour s'écrie,
Gloire à notre Empereur, Pere de la Patrie;
Les sages admirans ce grand Réformateur,
Le loûront à jamais, comme Esprit Créateur.

F I N.

CATALOGUE
DES LIVRES IMPRIMÉS,
Ou
Qui se trouvent en nombre
Chez J. H. SCHNEIDER,
L I B R A I R E.
A Amsterdam dans le Kalverstraat.

ABrégé de l'Hiistoire Universelle, par Mr. la Croze; *continué & augmentée de l'Histoire des Pays Bas, par Mr. Formey.* 12 *Amsterdam* 1761.

———— de l'Histoire Ecclesiastique, *par Mr Formey.* 2 vol. 12 *Amsterdam* 1763.

Atlas des Enfans, ou Methode nouvelle, courte, facile & demonstrative pour apprendre la Geographie en XXII Cartes enluminées, avec une Description abrégée, du Climat, du Gouvernement, de la Religion, du Caractere, & des Mœurs, de chaque Pays & Nations. & un Traité de la Sphere, de ses Cercles, du Mouvement des Astres & des Systemes du Monde anciens & modernes *avec figures.* 8. *Amsterdam* 1761.

Diogene d'Alembert ou Diogene décent, Pensées libres sur l'homme, & sur les principaux objets des Connoissances humaines; *ar Mr. de Premontval,* 12 *Amsterdam* 1755.

Du Hazard sous l'Empire de la Providence; *par Mr de Premontval.* 8 *Berlin* 1755.

Dionysii Catonis Disticha de Moribus ad Filium, Præter sedulam Variantis Lectionis per omnia Conlationem, lectissimis etiam adornata Flosculis Poeticis; cum Historia Critica Catoniana, & Tabulis æneis. 2 vol 8 *Amstelodami* 1750.

Essai sur le Bonheur, ou Reflexions Philosophiques sur les biens & les maux de la vie humaine. *par Mr. de B**** 8 *Amsterdam* 1759.

———— sur le Beau, par le P. André, avec un Discours préliminaire & une analyse du Gout, *par Mr. Formey.* 8 *Amsterdam* 1759.

Geographische Grammatica/oder Erleichterte Uebung in den Anfangs Gründen der Erdreichs Beschreibung für Anfänger und andere Liebhaber dieser Wissenschaff nach einer neuen Methode/ vermittelst. 22. illuminiter Land-Chärtgens ein gerichtet/ in fragen und antworten erläutert. 8 *Amsterdam* 1760.

Histoire Abrégée de la Philosophie *par Mr. Formey.* 12 *Amsterdam* 1760.

Julie à Ovide, *Heroïd.* 8 *Amsterdam* 1760.

La Morale Universelle tirée de l'écriture sainte & mise en paralelle avec celle des anciens. Philosophes. 12 *Amsterdam* 1758.

La Nuit & le Moment, ou les Matinées de Cythére, par Mr. C*** *le *fils* avec de jolies figures. Londres 1763.

Le Palais des heures, ou les quatre Points du jour, POEME en IV. Chants. par Mr. le C. de Bernis. 8 Amsterdam 1760.

Les Jesuitiques, enrichies de notes curieuses pour servir d'Intelligence de cet Ouvrage. Suivies des honneurs & de l'Oraison funebre du R. P. Malagrida. 8 Rome aux dèvens du Général 1762.

L H Dancourt Arlequin de Berlin, à Mr. J. J. Rousseau Citoyen de Geneve. 8 Amsterdam 1760.

Lettre de l'Arlequin de Berlin à Mr. Freron, sur la retraite de Mr. Gresset 8 Amsterdam 1760.

La Petreade, ou Pierre le Créateur, par Mr. le Chev. de Mainvilliers. 8 Amsterdam 1762.

Magazin des Enfans, par Mad. le Prince de Beaumont 4 vol. 12 Haye 1760.

Memoires & Avantures de Madlle. Moil. Flandres. 8 Londre 1761.

Oeuvres du Philosophe de Sans-souci, avec de tres belles figures. 3 vol. 12. Postdam 1760-61.

De Mr. Hume contenant: Essais Philosophiques sur l'Entendement humain, Histoire naturelle de la Religion, Dissertations sur les Passions; sur la Tragedie & sur la Regle du Gout; Essais de Morale. 5 vol. 8 Amsterdam 1751-1760.

Idem Tom 6 & 7 sous presse.

Poesies diverses. Exactement conforme avec l'edition avoui par l'illustres auteur, ornée de tres belles figures & jolies vignettes, gravé sur celles de l'edition in quarto. 12 Berlin (Amst.) 1760.

Panegyrique du Sieur Jaques Matthieu Reinhart, maitre Cordonnier, prononcé le 13 Mois de l'an. 2889. dans la Ville de l'Imagination, par Pierre Mortier, Diacre de la Cathedrale. 8 1759.

Procédures curieuses de l'Inquisition de Portugal contre les Francs-Maçons; pour découvrir leur secret; avec les Interrogatoires & les Reponses, les Cruautés exercées par ce Tribunal &c. 8 Dans la Vallée de Josaphat. 1807.

Relation abrégée de la Republique que les RR. PP. Jesuites ont établie dans le Paraguai, avec les pieces justificatives, publiées par la Cour de Portugal; 8 Amsterdam 1758.

Remercimeut de Candide à Mr. de Voltaire 8 Amsterdam 1760.

Reflexions sur l'éducation en Général & sur celle des jeunes Demoiselles en particulier. par Mr. Formey 12 Amsterdam 1761.

Traité pratique sur la Goutte & sur les moyens de guerir cette maladie; par Mr. Coste, D. en M. 8 Amsterdam 1757.

Vues Philosophiques, ou Protestations & Déclarations sur les principaux objets des Connoissances Humaines, par Mr. de Premontval. 2 vol. 8 Amsterdam 1757

Vies (les) de plus illustres Philosophes de l'Antiquité, avec leurs Dogmes, leurs Systemes, leur Morale & leurs Sentences les plus remarquables. Traduit du Grec de Diogene Laërce. auxquelles on a ajouté la vie de l'Auteur, celle d'Epictete, de Confucius, & leur morale, avec un abrégé des Femmes Philosophes de l'Antiquité. avec nombre de Portraits. 3 vol. 12 Amsterdam 1758.

N B. On trouve chez le même Libraire un Assortiment général des Livres nouveaux, tant de ce Pays que des Pays étrangers, aussi des Livres anciens rares & curieux.